AF192049

Praktisch **weduwe** worden

Mr. Margriet Th. **Bordes**

novum pro

Dit boek is ook als
e-book
verkrijgbaar.

www.novumpublishing.nl

© 2022 novum publishing

ISBN 978-3-99131-143-0
Geredigeerd door: Ine van Gerwe
Omslagfotos: Flosstudio, Tatyana
Olina, Kindsenu | Dreamstime.com
Ontwerp omslag, lay-out & typografie:
novum publishing
Auteursfoto: Margriet Th. Bordes

www.novumpublishing.nl

Climate neutral
Print product
ClimatePartner.com/16547-2201-1002

Praktische, rationele en emotionele tips om door te gaan wanneer je ineens:
partner van een ernstig zieke patiënt,
weduwe in spe,
en ten slotte weduwe wordt

Een boek, gericht op jouw toekomst. De routekaart die je door de verschillende fases naar en na het overlijden van je partner leidt. Uit liefde voor het leven dat, ook na groot verlies, geleefd moet worden.

Mr. Margriet Th. Bordes
Naarden, voorjaar 2022

Opgedragen aan Emile,
mijn lief,
die ondanks zijn verscheiden
mijn levensinspirator is en blijft.

Index

1. Overdenking

Het begon in de spreekkamer in het ziekenhuis, een kille witte kamer zonder ramen. Een bureau met een computer. Een oud model leek het.

De specialist, ook oud, droeg zijn witte jas als een tweede huid. Nonchalant opengeslagen, een keurig gestreken front van het streepjesoverhemd tonend. Bovenste knoopje los, geen das. Ik weet nog dat ik me afvroeg of alleen de voorkant gestreken was of dat het hele shirt strak in de vouw zat. Idiote details waarvan je je af kunt vragen waarom je die signaleert, laat staan opslaat. Misschien was dat omdat ergens, diep verstopt in mijn duistere verwachtingen, het besef postvatte dat dit een belangrijk moment was, dat deze man ons leven zou veranderen, mogelijk drastisch op zijn kop zou zetten. Dat het de start zou vormen van een slechte film. Met in de hoofdrol: mijn man en ik.

De specialist deed zijn werk al jaren, dat kon je zien. Routinematig gleed zijn blik van de computer naar de papieren op zijn bureau en vervolgens naar ons. Maar al zijn ervaring ten spijt leek hij ineens slecht op zijn gemak. Zijn brillenglazen vormden de rand van het toneel vanwaar hij, met enige tegenzin zo leek het, zijn boodschap zou verkondigen.

Licht uit, spot aan. Er was geen ontkomen aan. De arts schraapte zijn keel. Zijn stoel kraakte kort. Hij verlegde zijn pen op de tafel. Een volstrekt onnodige handeling, maar daardoor beleefden we iets langer de laatste onbezorgde ogenblikken van ons leven.

Het was doodstil in de kamer, zelfs de computer stopte met het maken van geroezemoes.

Toen sprak hij.

Zijn woorden vormden het begin van een periode die ruim vier jaar zou duren. Waarin een doodsvonnis over mijn man werd uitgesproken. Waarbij het resterende deel van zijn leven werd verpakt als een groot cadeau, met het papier van behandelingen en een grote strik van sterftepercentages eromheen gedrapeerd.

Op die dag, in die kamer zonder daglicht, ontstond het idee om aantekeningen over deze tijd te maken, om zaken vast te leggen opdat ze later, als alles voorbij zou zijn, in boekvorm samen zouden kunnen smelten. Zodat u, lezer, een beeld krijgt van de fases die bij ziekte worden doorlopen. Vanaf het moment dat u zomaar, ineens, de partner bent geworden van een ernstig zieke patiënt. Dat u, als blijkt dat het met uw man de verkeerde kant opgaat, zomaar 'weduwe in spe' wordt. En dan, tot slot, de rol opgedrongen krijgt van weduwe.

Wat komt er in die dagen op uw pad?
Als partner van, als weduwe in spe, als kersverse weduwe?
Hoe overleeft u het eerste jaar? En de tijd erop volgend?
Hoe leidt u de rest van het leven zonder uw lief?
Waar loopt u tegenaan? Voor welke beslissingen komt u te staan?

Daarover gaat dit boek. Ik geef u tips en tricks.
Welke emotionele en rationele hindernissen moet u nemen om op de rails te blijven, tijdens en na het ziekteproces? Waar moet u op financieel, organisatorisch en ander zakelijk gebied rekening mee houden? Waar haalt u de rust en de power vandaan om met opgeheven hoofd het leven tegemoet te blijven treden? Hoe verdeelt u de aandacht tussen uw man, familie, vrienden en uzelf? Kortom: voor welke keuzes komt u, in alle turbulentie waarmee u ineens geconfronteerd wordt, te staan?

Het accent in dit boek ligt niet zozeer op verdriet en rouwver-werking, noch op stervensbegeleiding. Niet op het enorme gevoel van leegte en eenzaamheid dat u onvermijdelijk op momenten door alle fases heen in volle omvang zal overvallen. Al is er na-tuurlijk wel aandacht voor. Het zal op u kleven als dauwdruppels op het ochtendgras.

Dit boek gaat weliswaar over vallen, maar vooral over opstaan, over doorgaan. Ik wil u inzicht geven in de processen die er spelen, zowel in uw leven als in dat van uw partner. Zodat u met meer begrip situaties overziet, kunt handelen en in actie kan komen. En u zich in uw zware tijden gesteund voelt door herkenning van de fases die beschreven worden.

Het boek is geschreven vanuit mijn eigen ervaring. Vanuit die optiek schets ik de verschillende perioden. Als een soort landkaart van routes die door de tijd heen bewandeld worden. Aan het einde van ieder hoofdstuk zet ik, waar het aan de orde is, praktische punten op een rij waarover beslissingen kunnen worden genomen. Dat is geenszins een limitatieve opsomming. Uw situatie is immers anders dan die van ieder ander. Maar er is een grote gemene deler van aandachtspunten die als steun in de rug kan dienen.

De stimulans voor mij om dit boek te schrijven, is het gevoel geweest dat het mij zou hebben geholpen als ik ten tijde van het ziekte- en sterfproces van mijn man en de tijd erna, had geweten wat ik nu weet.

Een paar uitgangspunten tot slot:

Ik heb dit boek geschreven voor mensen die vanuit een liefdevolle relatie hun partner verliezen. Niet voor mensen die blij zijn van hun man af te zijn.

Ik heb het geschreven voor mensen die aan het begin van het pad staan na een diagnose, maar het kan ook opgepakt worden op het moment dat u weduwe bent geworden. Het gaat in dit boek om de kracht en de handvatten om uzelf bijeen te rapen, te kiezen welke kant u op gaat en het leven weer te leven.

Het boek is naast praktisch, soms meelevend, soms wat hard, met hier en daar wat cynische humor. We moeten dóór, hoe tragisch ons leven soms ook is. Het boek heeft een bepaald 'hup'- en 'niet te veel zeuren'-gehalte. Bij de pakken neerzitten helpt naar mijn idee niet.

Ik ben bij het schrijven uitgegaan van een 'normaal' leven. Een leven waarbij u omringd wordt door familie en vrienden, waarbij u gesteund wordt door uw omgeving. Niet één waarbij u als eenzame eenling door de wereld ploetert.

Ik ben uitgegaan van een vorm van samenzijn, getrouwd, anderszins samenlevend of 'lat'-achtig. Ik noem uw man beurtelings partner, echtgenoot of man. Ter wille van de lees- (en schrijf-!) baarheid ben ik uitgegaan van de klassieke man-vrouwrelatie. Maar vanzelfsprekend kan het ook de liefde tussen twee vrouwen of twee mannen betreffen.

En in dit verband niet onbelangrijk: het boek zou ook nuttig kunnen zijn voor (toekomstige) weduwnaars, ook al zijn sommige ervaringstips vooral gericht op dames die alleen achterblijven.

En dan pakken we ook maar meteen de omgeving mee van hen die een groot verlies lijden. Het kan goed zijn iets meer te snappen van alles dat een naaste meemaakt tijdens een afscheidsperiode. Echt begrijpen, écht voelen doet de omgeving het niet, tenzij iemand uit eigen ervaring wijs is geworden. Maar door dit boek te lezen, zal er naar ik hoop meer inzicht en begrip ontstaan.

En omdat we elkaar gedurende de komende pagina's veelvuldig zullen treffen, heb ik de vrijheid genomen u te tutoyeren en zal ik u met jij aanspreken.

2. De diagnose

"U bent ziek, heel ziek."

De arts keek over zijn bril naar mijn man. Die bleef onbewogen.

De arts herhaalde zijn diagnose. Keek naar mij, naar mijn man.

"Beseft u wel hoe ernstig dit is?"

Mijn man knikte.

Op zijn beurt sprak hij kalm de woorden uit:

"Zeker. Wat stelt u nu voor?"

Het was dat moment, toen de specialist ons met zijn van slecht nieuws doortrokken gezicht vroeg of wij hadden begrepen wat hij ons zojuist had verteld, dat de kou in me trok, dat ik rilde in de benauwde spreekkamer, dat ik wist dat onze toekomst in het geding was, misschien zelfs een illusie was geworden, onbereikbaar werd en dat we op termijn ingehaald zouden worden door ons verleden.

Ons leven, gevuld met dagelijkse dingen, ging in een flits door me heen. Alle onbelangrijke dingen waar je je niettemin zo ontzettend druk over kan maken, werden met één enkele uitslag, zo floep, van tafel geveegd. De zorgen over die nutteloze vergadering op je werk, kinderen die een partijtje hebben en waarvoor je nog een cadeautje moet kopen, de meneer die je goten zou onderhouden maar niet kwam opdagen; al dit geneuzel kreeg prompt het label niet ter zake doend, nu de bodem onder ons 'samen' leek weg te vallen, in elk geval niet meer vanzelfsprekend leek te zijn.

Het schoot door me heen: we zouden niet onbezorgd oud worden, niet samen kunnen terugkijken op het leven, niet met zijn tweetjes stram en met gehoorapparaten de laatste jaren ingaan. Niet lang meer in de vertrouwdheid van elkaars nabijheid eindeloos leuke dingen doen. Niets zou meer eindeloos zijn. Niets van dat al. Het einde verdrong het heden. Op dat moment, dat ogenblik in die spreekkamer, nam de diagnose ons leven over. We belandden per direct in een andere, onwerkelijke wereld. De stappen van het protocol, papieren voor bloedprikken, afspraken voor een scan, een mogelijke operatie: de woorden van de arts tuimelden over ons heen.

Het rustige antwoord van mijn man suisde na in mijn oor. Zijn reactie op het slechte nieuws was, zoals ik later zou beseffen, een moment om nooit te vergeten. Hoe pijnlijk het ook was, mijn man was rustig, sterk en wijs. Hij bepaalde vanaf dat eerste moment onze positie voor de periode die komen ging. Waarbij woorden als beheersing, acceptatie, geen paniek, blijven nadenken en vooral: geen tijd verspillen, de kern vormden. We verlieten het ziekenhuis.

"Naar huis?" vroeg ik, aangeslagen.

"Nee. Even een biertje pakken," zei mijn man, "even bijkomen. We zoeken een kroegje op."

Dit werd in het traject dat voor ons lag, ons nieuwe ritme. Na elk slechtnieuwsgesprek – en dat waren er gedurende de vier jaar die in ons verschiet lagen vele –, gingen we steeds 'iets leuks' doen. Om in een andere omgeving dan thuis, waar je je toch wat gemakkelijker overgeeft aan de enorme zorgen die voor de toekomst opdoemden, het nieuws te laten bezinken.

We konden op die manier wat afstand nemen en met een zekere objectiviteit kijken naar wat we zojuist hadden gehoord. Naar wat ons te doen stond, wat we konden verwachten.

Samen, met zijn tweeën, dicht bij elkaar.

Mijn gedachten schoten in dat kroegje alle kanten op.

Wat hadden we zojuist gehoord? Wat betekende het? Hoeveel tijd hadden we nog? Welke behandelingen stonden mijn man te wachten? Zou hij pijn krijgen? Zou hij nog kunnen werken? Zou ik gewoon kunnen blijven werken? Zou hij snel hulpbehoevend worden waardoor ik hem full time zou moeten verzorgen? O god, wat komt er allemaal op ons af? En o, de kinderen, hoe vertellen we het de kinderen? Wat een verdriet op komst!

Chaos, flarden gedachten, paniek, leegte, onwezenlijk gevoel, onzin, wat een stomme arts, foute diagnose natuurlijk, mijn sterke man, zo sportief, zo gezond ziek verklaren, idiotie, wat haalde die specialist zich wel niet in zijn hoofd! Mijn man had beloofd me nooit alleen te laten, honderd te worden, dus wat was dit allemaal voor gekkigheid, wakker worden, niets aan de hand.

Ik keek mijn man aan en toen ik zijn blik op mij gericht zag, greep de realiteit me naar de keel. Geen ontkomen aan. Alles was veranderd. Ineens was hij de zieke.

Mijn tranen vermengden zich met het bier dat inmiddels voor mijn neus stond.

Stille druppels op het schuim.

Mijn lief pakte mijn hand. Ik voelde zijn kracht. Maar zag ook het verdriet in zijn ogen. We waren zojuist uit ons gewone leven geplukt en in een slecht verhaal beland. Een realistisch, maar droevig verhaal. Mijn man die me altijd wilde beschermen, die me altijd in een doosje zou willen stoppen zodat mij niets slechts kon overkomen, was nu zelf aan de beurt. Hij was ernstig ziek. En daarmee werd ik in één klap de partner van een patiënt.

3. Partner van een patiënt

Er schoot van alles door me heen. We moesten orde in de chaos scheppen, dat hadden we altijd gedaan en dat zou nu ook helpen. We moesten beslissingen nemen.

Mijn man had een voorsprong in dit denkproces. Ergens had hij geweten dat de uitslag niet goed zou zijn, dat het in zijn lichaam foute boel was. Hij had zich er, meer dan ik, op kunnen voorbereiden. Hij had er alvast over na kunnen denken. Dat bleek ook, want zoals ik van hem gewend was, kwam hij bij ons biertje direct met heldere ideeën.

We moesten niet gaan piekeren over wat komen zou, we zouden ons concentreren op wat nu goed was, op mooie dingen. We zouden zoveel mogelijk dingen samendoen.
"We moeten de spaarzame tijd die we hebben, niet verspillen. Dan verliezen we niet alleen de toekomst, maar ook nog de tijd nu," zei hij.
"Ik blijf zo lang mogelijk doorwerken, zo lang mogelijk sporten en zo lang mogelijk gewoon doorleven. We nemen de noodzakelijke medische stappen zonder dat dit ons leven gaat beheersen."
En toen kwam het:
"Ik wil voorlopig dat niemand ervan weet."

Ik was verbaasd, verbijsterd zelfs. Hoezo niemand iets laten weten, je gaat misschien verdomme wel dood! Mag niemand dat weten? Maar omdat ik wist dat er uitleg zou volgen, luisterde ik verder, zei niets.

Even zwegen we allebei. Toen pakte mijn lief mijn hand, speelde voorzichtig met onze trouwring die al bijna twintig jaar aan mijn vinger prijkte. Hij leek terug te gaan in de tijd. Even leek hij mijn onbezorgde veertiger die me op een zo galante manier het hof had gemaakt.

"Heb jij een hoed?" had hij destijds gevraagd. Ik had glimlachend geknikt.

"Een strooien. Met een rood lint."

Dat leek zijn instemming te hebben.

"Ik neem je mee naar Frankrijk, we gaan picknicken in de korenvelden."

En dat hadden we gedaan, we hadden de wereld de wereld gelaten en gingen er voor een paar dagen op uit. Dat tripje zou ons begin markeren. De start van turbulente, romantische, bezorgde maar vooral van zo gelukkige tijden waarin we elkaar vonden. Waarin we een deel van onze dromen konden verwezenlijken. Waarin we leefden als in de historische romans, overtuigd als we waren van ons happy end. Het wuivende, glooiende Franse landschap bewoog ons richting pril geluk. Deed ons glimlachen naar onze toekomst. Het verwelkomde ideeën en ondersteunde ons in de stappen die we zouden gaan zetten.

Mijn man streek over een wondje op mijn pols. Het zoveelste brandmerk van een onvoorzichtige handeling in de keuken. Met tederheid en voorzichtigheid haalde hij ons terug naar het heden. Hij vleide me in zijn woorden neer terwijl hij zijn favoriete filosoof Epicurus citeerde. Een man die in zijn tijd – hij leefde ver voor de jaartelling (341–270 v Chr.) – vooruitstrevende gedachten had die ons beiden erg aanspraken.

Een daarvan betrof het sterven: *de dood gaat ons niet aan. Als wij er zijn, is de dood er niet. En als de dood er is, zijn wij er niet.*

Ik keek hem aan. Was dit nu werkelijk het moment om de filosofie in te duiken?

We hadden wel wat anders aan ons hoofd, een nieuwe realiteit drong zich immers aan ons op. We hadden haast, moesten ons heil niet in het verleden bij oude wijsgeren zoeken, maar we moesten ons richten op wat ons te doen stond. Nadenken over behandelingen, een second opinion regelen, een bevriende arts raadplegen, bellen, weggaan hier en in actie komen. Ik seinde de barman met een handgebaar om de rekening en wilde al bijna opstaan.

Mijn man trok zich echter niets van mijn onrust aan en vervolgde:
"Dus wat ik zou willen voorstellen, is dat we het voorlopig aan niemand vertellen. Dat stelt ons in staat ons leven zo lang mogelijk te leiden zoals wij dat willen. Om leuke dingen te blijven doen en ons leven niet te laten beheersen door deze ellende. Ik zou denken dat er wel één uitzondering is: de kinderen. We moeten hen wel informeren, maar pas als we meer concreet nieuws hebben, wanneer er duidelijke uitslagen zijn, als er een behandelplan is. Dat is vroeg genoeg. Bovendien hebben ze het allemaal druk, de een moet binnenkort voor werk naar Amerika, de ander heeft binnenkort tentamens, dus ik zou zeggen: niet mee lastig vallen nu."

Ik speelde met het bierviltje. Draaide het rond om op deze manier iets anders dan mijn gedachten te laten tollen. Ik zei niets. Met een zacht plofje beëindigde het viltje zijn beweging. Het leek of alle bezoekers van de kroeg hun adem inhielden. Ik hoorde niets meer. Totale stilte in mijn hoofd, ik zag niets anders dan het diepblauw in de ogen van de man die me zo lang gelukkig maakte, die me stimuleerde, die me op handen droeg, die mij in de gelegenheid stelde hem lief te hebben, voor hem te zorgen.
De man die me lang geleden trouw tot in de dood had beloofd. Die nu wel verdomd dichtbij leek te zijn.

Ik geloof dat het op dat moment voor het eerst echt een beetje tot me doordrong dat het menens was. Dat we in een nieuwe fase van ons leven terecht waren gekomen.
En dat ik rekening zou houden met wat hij wilde.

Dus ging ik met hem mee in zijn wens om de narigheid voorlopig onder ons te houden. We zouden niemand informeren. Zo konden we zelf wennen aan het idee dat een ernstige ziekte deel

18

was gaan uitmaken van ons leven. En zo konden we ons blijven richten op het goede, op de dingen die we altijd belangrijk hebben gevonden. Zo konden we ontsnappen aan medelijden en kon mijn lief zo lang mogelijk de man blijven die hij altijd was geweest.

We bespraken dat dit besluit ook beter was voor ons werk als zelfstandige ondernemers.

We vreesden dat opdrachtgevers ons, als zij zouden weten van een ernstige ziekte, het etiket ziek, zwak en misselijk op zouden plakken en dat we daardoor opdrachten zouden mislopen. En omdat de wereld klein is, bestond de kans dat het nieuws, als we dat in de privékring naar buiten zouden brengen, ook in de professionele kring terecht zou komen.

Dat moest op dit ogenblik voorkomen worden; later was vroeg genoeg.

Wij besloten dus, daar in de kroeg, bij ons tweede biertje, de informatie over de ziekte in heel kleine kring te houden. Pas later heb ik me gerealiseerd hoe belangrijk dat moment van overleg, van even afstand nemen, is geweest. Je angst en de onzekerheid dendert die eerste uren als een tsunami over je heen (dat gaat overigens de periode erna niet echt over); je hebt geen idee wat er komen gaat. Je hebt, al is het maar even, rust nodig om vervolgstappen te overdenken, om te beseffen dat je daadwerkelijk een keuze hebt: delen we het slechte nieuws met de buitenwereld?

Wat ik toen nog niet wist, maar wat me veel later, nadat wij ons nieuws wèl naar buiten hebben gebracht, duidelijk is geworden: wanneer informatie over iets ernstigs eenmaal kenbaar is gemaakt, is er geen weg meer terug. Het kan niet meer worden teruggedraaid, nooit. Eens verteld, altijd verteld. En de consequenties daarvan zijn niet gering. Zowel voor je partner als voor jou.

Wie Wat Wanneer Waarom

Dus het kan handig zijn stil te staan bij het Wie, Wat, Wanneer en Waarom van het vertellen van het nieuws.

Want laten we eens nadenken over het Wie: wie zou je willen informeren over de status van je man?

De hele familie? Alle vrienden? De kennissen? De straat waarin jullie wonen?

Het is eigenlijk, hoe cru ook gesteld, net als bij een etentje of een feestje. Wie 'nodig' je uit om deelgenoot te worden?

En vraag je af: als je het aan de één vertelt, vertelt die het dan direct door aan de ander? Kun je de berichtenstroom nog 'beheersen'? Of gaan de geïnformeerden het op hun beurt direct met anderen delen? Sinds de social media ons leven bepalen is delen 'in', delen is de norm. Niet delen is bijkans asociaal. Hoe het ook zij, besef dat het handig kan zijn je hoofd erbij te houden en te beslissen in kalmte.

Naast het 'Wie' is er het 'Wat'.

Wat is het nieuws eigenlijk? Is het concreet of gaat het over eerste ongerustheden dat er iets fout is? Is er sprake van een vage verdenking van een tumor, van iets ander akeligs? Of is er al zoveel duidelijkheid dat je vrij nauwkeurig kan aangeven wat er aan de hand is en hoe het zal gaan lopen?

Is het misschien handig te wachten met berichten tot er meer helderheid is? Zoals bijvoorbeeld een feitelijk behandelplan?

Of heb je de behoefte alvast aan te geven dat er iets loos is? En dan: hoever ga je met de fysieke informatie? Wil je dat iedereen van alle details weet of willen jullie de informatie in algemene termen houden? Anders gezegd: moeten alle ins en outs van organen, van de fysieke of geestelijke gesteldheid op tafel komen, of wil je meer privacy betrachten?

Het is aan jullie. Jullie bepalen samen wat je aan informatie naar buiten wilt brengen.

Waarbij het natuurlijk wel fijn is als jullie het hierover eens zijn, zodat er niet twee verschillende versies de wereld ingaan.

Hiermee samenhangend is de vraag Wanneer je je nieuws de wereld in wilt brengen.

Als je partner niet à la minute overlijdt of veel slechter wordt, heb je nog wel even de tijd.

Beslis niet overhaast over het Wie, Wat en Wanneer, zou mijn advies zijn.

Ook interessant is de vraag: waarom wil je het nieuws vertellen?

Mijn man en ik waren altijd erg gehecht aan onze privacy. We waren nooit erg 'van het delen', anders dan bij mensen die echt tot onze inner circle hoorden. Dus voor ons was het − toen ik van de eerste schok was bekomen − logisch dat wij het vooralsnog aan niemand zouden vertellen. Zelfs onze meest nabije vrienden en familie hebben wij de eerste periode buiten ons informatieschot gelaten.

De eerlijkheid gebiedt te zeggen dat ik hierbij een kleine kanttekening moet maken.

Na een paar dagen heb ik een paar dierbaren gebeld. Ik hield het niet meer. Ik was overweldigd door angst en verdriet. Ik zag een lege toekomst voor me, een beeld van pijn en aftakeling van mijn lief. Ik wilde sterk zijn, de schouder bieden die mijn man nodig zou kunnen gaan hebben. Maar daarvoor zou ik zelf ook op iemand moeten kunnen leunen. Ik moest met iemand praten, ik voelde me opgesloten en alleen in mijn belofte. En hoezeer ik daaraan ook hecht, ik zou hem verbreken, ik zou het niet volhouden alles in stilte te moeten beleven.

En zo pakte ik op een dag, zo eentje waar de zon, als in een liedje, schijnbaar onbezorgd de bloemen bescheen, de telefoon. Mijn hart ging tekeer, de slagen bijkans synchroon aan het intoetsen van het nummer van mijn vriendin. Ik hoorde het toestel overgaan en aan het eind van een lange reeks, haar stem.

Ik zei niets, kon alleen maar zachtjes snikken. Mijn woorden verdwenen in een ademloos niets, in een vacuüm tussen haar en mij. Na korte tijd kwamen de feiten toch, weliswaar in brokjes, aan de andere kant van de lijn aan. Alles gefaseerd brengen, beetje bij beetje binnen laten komen, moet ik misschien wel onbewust gedacht hebben.

Het verwoorden van zulk slecht nieuws is hard, het maakt het echt. Zolang je het niet hardop zegt, kun je bijna doen alsof het er niet is. Ik besprak de situatie van mijn man met haar en met een handjevol anderen die ik in de loop van de volgende dagen informeerde. Mijn vrienden beloofden net te doen alsof ze van niets wisten wanneer zij mijn man spraken.

Helemaal eerlijk voelde ik me er niet over. Ik misleidde de boel. Maar ik rechtvaardigde het met de gedachte dat het voor mijn eigen lijfsbehoud was, waarmee ik mijn lief dan ook weer diende.

De eerlijkheid gebiedt te zeggen dat het mooi weer spelen soms lastig was. We hadden regelmatig vrienden op bezoek. En om dan te doen alsof er niets aan de hand is, was niet altijd makkelijk. Ik voelde me soms een bedrieger als we mensen vertelden dat het goed ging, dat alles lekker liep, dat er eigenlijk niets bijzonders gebeurde, om vervolgens over te gaan tot onderwerpen die meer buiten de gezondheid en onszelf lagen.

En toch, ondanks het gevoel dat ik af en toe moeite had met de geheimhouding, kan ik zeggen dat ik achteraf erg blij ben met dit besluit om het delen in grote kring tot nader order uit te stellen.

Want wat gebeurt er wanneer mensen kennis hebben van het feit dat je man een ernstige ziekte onder de leden heeft? Hij is in hun ogen ineens anders, hij hoort bij een andere groep. De groep van de zieken. Wiens leven niet zeker is, wiens leven in het teken staat van zwakte, van verval. Hij is patiënt, altijd en overal. En jij bent de partner van. Dat label raak je nooit meer kwijt.

Ik merkte het later, toen de ziekte eenmaal in brede kring bekend was, aan de dagelijkse gesprekken. Die gingen nooit meer over leuke dingen, over werk, over reizen, over een mooie tentoonstelling of een leuke film. Die gingen allemaal, altijd, over ziek zijn, met een saus van medeleven of medelijden. De meestgestelde vraag was: "Hoe gaat het nu?" waarbij de stem qua intonatie alvast naar de grafkelder afdaalde, in de veronderstelling dat het verhaal daar zou eindigen. Ik vond het ongelooflijk hoe stemmen ineens de diepte kunnen bereiken.

Zonder enige twijfel was de interesse en de vragen naar de gezondheid van mijn man oprecht en lief bedoeld. Het is misschien ook vreemd om er geen aandacht aan te besteden en in plaats daarvan te informeren naar leuke vakantieplannen, maar wanneer steeds het ziek zijn met de daaraan gekoppelde sombere vooruitzichten op de voorgrond staat, is er geen ontsnappen meer mogelijk. Elke keer word je eraan herinnerd. Als zieke zelf en als partner van. Bij boodschappen doen, de hond uitlaten, bij het posten van een brief: steeds weer die vragende blik: hoe is het nu?

De ons bekende collectant voor het goede doel die elk jaar aan de deur kwam en meestal in vrolijkheid het geld incasseerde, plaatste nu de opmerking aan de deur:

"Nu is het helemaal van belang dat je geeft, hè?"

Of je nu besluit het ziek zijn direct te vertellen of het stil te houden, ooit komt er een omslagpunt. Wanneer er uiterlijk veel verandert bij je partner, hij er slecht uit gaat zien, opgeblazen raakt door medicijnen, met hulpmiddelen zal gaan lopen of als de auto van de huisarts ieder moment voor de deur staat, dan is de tijd gekomen om dingen te gaan vertellen. Anders gaan mensen insinueren, vragen stellen en hengelen naar informatie. Beter om dan het heft in eigen hand te nemen en de informatie beheerst naar buiten te brengen.

Bij ons kwam dat moment toen mijn lief niet meer kon sporten. Hij had de kracht niet meer, hij was kwetsbaar geworden, hij moest regelmatig afzeggen; iets wat niets voor hem was.

Bovendien zag hij er door inname van medicatie niet meer zo uit als de sportman van weleer. Zijn fiere houding was door de rommel die hij tot zich nam, aangetast.

Mensen begonnen te zien dat er iets aan de hand was. We hoorden via via dat er zorgen over hem waren, dat er gevraagd werd naar zijn welzijn.

En het ging verder: er werd niet alleen geïnformeerd, maar mensen trokken hun eigen conclusie. Ze zagen mij vaak alleen met de honden door de buurt lopen. In tegenstelling tot eerdere tijden toen we vaak hand in hand wandelden. Het was voor de onwetenden duidelijk: het lot had zich voltrokken.

Zo werd ik, toen de grootste roddeltante van de buurt letterlijk op mijn pad kwam, hartelijk omhelsd en gecondoleerd met mijn verlies, ze had als een van de eersten begrepen, – ja, ze was nu eenmaal altijd goed op de hoogte – dat mijn man was overleden. Had ik iets nodig, kon ze me helpen? Boodschappen doen, haar kind mijn gras laten maaien?

Ik was totaal overrompeld, belde als in een reflex naar huis en kon tot mijn geruststelling via de speaker de stem van mijn man laten horen. Hij beantwoordde mijn vraag of hij was overleden met een harde schaterlach. De dame in kwestie werd rood tot aan haar tenen, schaamde zich de oren van haar hoofd, verontschuldigde zich en beende weg. Ze heeft zich verder koest gehouden.

Maar dit voorval was voor ons wel een teken dat mijn lief en ik in actie moesten komen; we moesten met ons verhaal naar buiten treden.

Wij hebben ons die avond, samenzittend in de tuin, gekweten van onze taak te formuleren wat we zouden gaan vertellen. We dronken een glas wijn, hij vooral voor de vorm omdat niets hem meer smaakte, ik omdat ik het heel lekker vond en mijn pijn over de hele toestand er iets door werd verlicht. We keken naar de ondergaande zon, we voelden de warmte en tegelijkertijd de koude binnenkomen. Zwijgend, vol met zinnen die de dagen erna gevormd zouden gaan worden, luidden we die avond een eind van een tijdperk in. We sloten een tijd af waarin soms nog enige zorgeloosheid was omdat in de buitenwereld momenten waren waar we konden ontsnappen aan dat wat waar was, dat wat ons om de oren ging slaan en hem zou vernietigen. De nacht voerde ons naar binnen en in een donker samen namen we afscheid van ons leven incognito.

De volgende dag belde mijn man zijn familie, vrienden en wat kennissen.

Wat verandert er na de diagnose?

De tijden erna verlieten wij onze veilige thuishaven die zich buiten de deur bevond. Die relaxte plek waar de ziekte nog geen toegang had, niet alles beheerste en ons niet continu in zijn wurggreep had. De plek waar het leven en niet de aanstaande dood voorop stond.

Hoe het ook zij, of het nieuws nu wel of niet gedeeld is met de omgeving, na de diagnose ben je niet meer 'gewoon' de vrouw of de partner van. Je bent de 'partner van een patiënt' geworden. En daarmee ben je beroofd van je normale status. Je hebt voortaan een etiket op je voorhoofd. Je staat naast iemand die ernstig ziek is. Je bent met iemand 'met wie iets is'.

Ik had op dat moment geen flauw idee tot welke ingrijpende verte zich dat zou uitstrekken. Natuurlijk, je man is ziek. Dat maakt alles anders. Maar dat daarmee ook jouw leven zoals het was, eindigt… Dat je nooit meer bent wie je was, begreep ik pas later.

In het begin valt het je niet zo op. Maar geleidelijk aan glij je in je nieuwe rol. Je bent niet meer, nooit meer, onbezorgd. Je staat 24/7 op scherp. Je houdt je man nauwlettend in de gaten, beducht als je bent op signalen die een verandering in zijn gezondheid inluiden.

Ik ging meer betuttelen, meer verzorgen. Wanneer vrienden wilden afspreken, probeerde ik dat bij de lunch te doen, zodat het niet zo laat zou worden. Wetend dat mijn man het niet meer zo lang volhield, pijn kreeg als hij te lang moest zitten.

Of ik plande het zo, dat we in plaats van een uitgebreide eetafspraak langskwamen voor een borrel. Bij alles speelde het willen zorgen voor mijn partner mee. Ik wilde, nee, wij moesten rekening houden met de nieuwe omstandigheden. Niet alles kon meer. We stelden prioriteiten aan tijdsbesteding, we dachten beter over dingen na. De spontaniteit ontviel ons.

Driehoeksverhouding

Een ander opmerkelijk feit in dit nieuwe proces: de arts bepaalt voortaan de agenda.

Punctie dan en dan, een echo een week later, een scan, een bloedonderzoek, een dieet.

Meld u zich daar en daar.

Misschien kun je een beetje schuiven met data en tijden, maar meestal voeg je je maar al te graag naar de planning van het ziekenhuis. Je bent blij dat er weer een volgende stap wordt gezet in het onderzoek. Dus je past je eigen planning aan.

Dit lijkt misschien een onbeduidend stukje in het geheel, want wat maakt het uit of iemand anders je agenda wat inpikt, dat je je af en toe moet schikken naar andermans planning. Maar het is wel degelijk wezenlijk, want het doet afbreuk aan je autonomie.

Ik had al maanden een afspraak staan om met een goede vriendin een dag door te brengen. Het was zoeken geweest naar een geschikte datum, maar het was gelukt. Ik verheugde me enorm op die afspraak. Totdat we hoorden dat mijn partner op die dag opgeroepen werd voor een onderzoek. Ik zegde mijn vriendin af.

Het illustreert onmiskenbaar dat je jouw leven en dat van je partner niet meer in eigen hand hebt. Je zult voortaan (nog meer) moeten schipperen met je tijd en je eigen agenda. Tijd wordt in beslag genomen door afspraken bij artsen, ervan uitgaande dat je je partner vergezelt naar de meeste afspraken. Ter ondersteuning en 'omdat twee meer horen dan één'. Je eigen planning komt in het teken van de door derden geregisseerde agenda te staan. Bovendien zul je voortaan plannen onder voorbehoud van 'hoe hij is'.

En zo is er ineens een derde je relatie binnengedrongen: de ziekte. Plotseling zit je in een driehoeksverhouding: je man, jijzelf en de onbekende toekomst. Je bent niet langer autonoom met zijn tweeën. En die tijd komt nooit meer terug. Dat is wennen.

Nieuwe, bespiegelende vragen

Ik weet nog goed dat ik in die fase op een schemerige avond met mijn honden op de hei liep. Het had flink geregend, maar tegen het einde van de dag zette het letterlijk waterige zonnetje de heide in een paarse gloed. Het licht steeg op tussen de dampen. Ik keek om me heen, het was alsof dat moment me wakker schudde, me inzicht gaf in waar ik op dat moment in mijn leven terecht was gekomen.

De prachtige, diepe kleur van de omgeving wierp me vragen ter bezinning toe. Wat zou mijn rol de komende tijd moeten worden nu de ziekte zich tussen mijn man en mij in had gewurmd. Zou ik mijn leven moeten herinrichten? Meer tijd vrijmaken voor mijn man? Mijn vaste wekelijkse dingen afzeggen? Zou ik steeds naar alle ziekenhuisafspraken meegaan? Zou ik dat kunnen regelen met mijn werk? Zou ik überhaupt wel volledig kunnen blijven doorwerken op de manier die ik gewend was?

Ik realiseerde me nog iets: ik had mezelf in deze vroege fase van het 'partner van' zijn geheel weggecijferd. Ik stond er niet eens bij stil. Het ging vanzelf. De ziekte van mijn man had mijn leven in korte tijd volledig overgenomen. Ik wilde alle zorg over hem uitstrooien en leidde daarnaast, tegelijkertijd, mijn eigen leven, tussen alle ziekenhuis afspraken door en met mijn nieuwe zorgen op de nek.

Het was daar, op de hei, in het licht van de avondzon, dat ik besefte dat dat niet gaat. Ik moest me heroriënteren op mijn eigen leven. Ik had na de slechte diagnose, per direct extra en bijzonder zware taken op mijn schouders gelegd gekregen. Taken die ik in liefde op me nam, maar waarmee ik geen ervaring had. Taken die veel inspanning vergden en op me drukten. Ik droeg ineens de last van mijn partner, zijn resterende leven met me mee. Het had mijn leven totaal op zijn kop gezet, ons evenwicht verstoord. In plaats van ons gelijkwaardig samenzijn had mijn man een nieuwe rol aangemeten gekregen. Hij stond als patiënt centraal; ik stond aan zijn zijlijn, in zijn schaduw, op een ogenschijnlijk tweede plaats. Maar ik was me bewust van de importantie van die plek. In feite was ik de spil geworden, de luisteraar, de ondersteuner, de trooster, de begeleider, de planner, de centrale regelfiguur in alles wat zich rondom mijn echtgenoot zou gaan afspelen. Ik zou op een gegeven moment voor hem moeten gaan staan, hem moeten beschermen, beslissingen nemen, mensen bellen, dingen uitleggen, bezoekregelingen treffen. Ik zou alle ballen in de lucht moeten gaan houden. Die van het ziekteproces, het gezin en van mijn eigen leven.
En dat zou verdomd zwaar worden.

Een natte hondenneus haalde me uit mijn bespiegelingen op de heide. Ik keerde terug naar de plek waar ik was. Met een verhelderend inzicht. Ik moest een nieuwe balans vinden tussen mijn oude en mijn nieuwe leven. Ik zou ervoor moeten zorgen dat ik evenwicht vond tussen de gewone dingen van het leven, goed zorgen voor mijn man en de zorg voor mijzelf. Ik zou oplaadmomenten moeten gaan inbouwen om het hoofd boven water te houden, zodat ik niet onder alle last ten onder zou gaan. Een beetje 'me time' inbouwen zo nu en dan. Het zou geen luxe, maar noodzaak zijn om alle taken te kunnen blijven vervullen.

Prioriteiten herschikken

En zo ging ik nadenken over mijn tijdsbesteding. Ik vond ontspanning in mijn werk: ik ben dan ook zo lang mogelijk door blijven werken. Af en toe gunde ik mij relaxtijd; met vriendinnen praten, eten en lachen: ik was blij met die momenten. Het leek wel of ik in die tijd ontvankelijker was voor de slappe lach, voor suffe ontspanning. Ik vermeed moeilijke gesprekken, hield het luchtig.

Ik keek liever feelgoodmovies dan een documentaire over wereldproblemen.

Denk niet dat dat egoïstisch is. Zie het als jouw verantwoordelijkheid af en toe te ont- en weer op te laden zodat je de zware klus van 'partner zijn van' aankan.

Een klus die jou niet alleen fysiek belast, door al het regelen en organiseren, maar die ook geestelijk zijn tol van je eist. Zorgen over: hoe zal het aflopen? Hoe lang gaat alles duren? Kom je alleen te staan? Wanneer? Ga je dat dan redden?

Ik heb me verbaasd te ervaren hoeveel energie het kost om de moed erin te houden, om sterk te blijven, overzicht te houden, agenda's naast elkaar te leggen, te plannen, overleg te hebben met man en artsen, afwegingen te maken en vooruit te kijken.

Van een dag waarvoor ik voorheen mijn schouders ophaalde, een dag waar ik vroeger blij van zou zijn geworden, omdat ik zoveel had kunnen regelen, was ik in die tijd bekaf. Het gebeurde dan ook vaak dat ik 's avonds, naast mijn lief, op de bank in slaap sukkelde. Als twee oude besjes aan het einde van hun leven.

De les die ik uit dit alles leerde? Gun jezelf af en toe een moment waarop jij krachten kan opdoen. Voel je daar niet schuldig over. Je mag best af en toe lol, je eigen pleziertjes hebben. Sterker nog, het mòet. Om te overleven.

De onzekerheid

Een ander slopend facet waar wij (en iedereen die in een ziekteproces terechtkomt) mee te maken kregen was de onzekerheid. Een open deur zul je denken. Natuurlijk is er onzekerheid. Niemand kan immers voorspellen hoe, òf en wanneer het afloopt.

Maar van tevoren is niet in te schatten hoe slopend, hoe vermoeiend onzekerheid is. Hoe ongelooflijk veel energie de spanning die daarmee gepaard gaat, je kost. Hoop doet leven is een gezegde. Maar het terneerslaan van hoop, of het hebben van de angst daarvoor is een slopende gedachte. En dat kost bakken energie.

Elke keer na een onderzoek, een scan of een bloedtest denk je: nu weten we hoe we ervoor staan. Nu zijn we wijzer, weten we waar we aan toe zijn en kunnen we nieuwe plannen maken, toch? Zo lijkt het. Maar in feite is het fnuikend, is het valse zekerheid.

Er is in het hele ziekteproces maar één zekerheid en dat is dat onzekerheid de route kenmerkt die je loopt. Je gaat van uitslag naar uitslag. Even wat rust, opgelucht ademhalen. Op naar de volgende stap die niet te voorspellen is, en weer en weer. Onontkoombaar.

Een hondsvermoeiend traject. Wij bouwden er daarom maar een voor ons plezierige routine omheen. Na elk gesprek in het ziekenhuis zochten we een kroegje om te ontladen van de spanning, te evalueren wat er werkelijk was gezegd en te kijken of we er iets positiefs aan konden ontlenen. De horeca zal blij met ons geweest zijn in die tijd.

Of je nou een drankje neemt in een openbare gelegenheid of erna thuis aan de koffie gaat, het helpt wanneer je je realiseert dat spanning energie slurpt. Dat je erna tijd nodig hebt om bij te komen; dat je de spanning van je af laat glijden en je de draad van de dag weer oppakt. Het goede omarmend en niet te veel focust op de dagen die komen gaan. Dat is het devies in die dagen. Hetgeen niet betekent dat je niet naar de toekomst moet kijken en dingen moet plannen. Zonder het idee van een toekomst, ben je dood. Is je partner dood. En dat is nu nog te vroeg. Blijf dus vooral dingen in de agenda zetten. Maar realiseer je dat niets zeker is en dat je je ideeën regelmatig bij zal moeten stellen.

'Partners van' die alles graag onder controle hebben, zoals ik, krijgen de les van hun leven. Je hebt niets meer onder controle. Ik hupste van het ene naar het andere improvisatiemoment. Ik heb geleerd zo soepel als kauwgom te worden. Ik wende aan de onzekerheid die mij als een zoemende mug volgde. Hoe harder ik hem van me af probeerde te slaan, hoe hardnekkiger hij probeerde te prikken. En hoe uitputtender de spanning werd. Dit alles eindigt pas, hoe cru het ook klinkt, als de dood een en ander van je overneemt.

Partner van een patiënt

Denk na over de informatie die je naar buiten brengt:
* Wie?
* Wat?
* Wanneer?
* Waarom?

Herpositioneer je leven in de nieuwe situatie:
* Kan je nog alles blijven doen?
* Moet je vaste dingen af gaan zeggen?
* Ga je mee naar alle ziekenhuisafspraken?
* Hoe laad je op?
* Hoe ga je om met de onzekerheid?

4. Weduwe in spe

Terug naar die spreekkamer waar alles begon. Een zo belangrijke markering in de tijd. De start van een periode die je wijs maakt, die je doet beseffen dat het leven het meest kostbare is dat er bestaat. Dat niets is wat het lijkt; dat morgen alles anders kan zijn. Dat je het leven dus maar moet leven, dat je blij moet zijn met elke dag dat je wakker wordt en op kunt staan, hoe naar je dat op een koude dag ook vindt. Trek je pantoffels maar aan en slof naar de douche. Zolang je betrekkelijk zorgeloos de dag doorkomt, ben je uiteindelijk een rijk en gelukkig mens.

Ik keerde in gedachten vaak terug naar de tijd voor Het Gesprek in de Spreekkamer. Onwetend van wat komen ging. Kleine zorgen groot makend. Het wezen van het leven nog onaangetast. Vanzelfsprekend, lang en gelukkig.

Hoe anders zou het worden.

Maanden later.

Opnieuw wachtend op een gesprek in de spreekkamer. We hadden inmiddels een andere arts dan de eerste keren omdat we door de ziekte van mijn man in een academisch ziekenhuis terecht waren gekomen. Na een eerste periode in ons eigen ziekenhuis, waarbij ik gewend was geraakt aan de status van 'partner van', aan de arts met de witte jas en de knorrende computer, streken we nu regelmatig neer in de lichte, grote wachtruimte waarin ik de eerste keren hoop en fantasie over een lang leven ervoer. Alleen de eerste keren.

De arts kwam ons halen. Geen witte jas, een heel gestreken overhemd. De deur naar zijn kamer stond open. Ik zag de moderne computer. Geen pen en papier meer. Geen ramen. Geen daglicht dat woorden in een zacht schijnsel zou kunnen laten vibreren. Koud licht, zo kil als het nieuws dat mijn lief en ik zouden moeten horen.

Ik volgde de heren in hun kielzog. Maar was bij de deur onwelwillend om naar binnen te gaan. Ik wilde vluchten, mijn man meenemen, weg van hier. Let's fly away. Naar een wereld zonder pijn, zonder kale kamers, zonder angst, zonder moeheid, zonder derden. Ik pakte vlak voor we binnentraden de hand van mijn man. Hij keek over zijn schouder naar me om. Verbaasd, even stilstaand. Toen begrijpend wat hij in mijn ogen las. Hij stelde me gerust. Kom maar binnen. We weten toch al wat we gaan horen. Hij leidde me woordeloos door de van spanning trillende lucht.

Ik rilde.

De onzekerheid die als een ragfijne sluier, sluipenderwijs een tweede deel van onszelf was geworden, zou in het gesprek een beetje worden opgetild, opgeheven. Een stukje van een nieuwe toekomst zou duidelijk gaan worden.

De arts voor wie wij in de loop van de tijd grote sympathie waren gaan koesteren, gebaarde naar de twee lege stoelen. Zijn gezicht, dat we inmiddels kenden, sprak de bekende boekdelen.

Het gaat fout. Je man wordt niet beter leek hij mij te zeggen al voordat hij sprak. Ik haakte volledig af. Knikte wanneer er geknikt moest worden, veinsde begrip, maar de band om mijn hart belemmerde mij te ademen. Ik draaide mijn hoofd gehoorzaam naar het naar ons toe gerichte computerscherm waar zwarte en witte vlekken waren te zien. Ik keek en zag niets, werd zwaar en koud. Mijn ogen, zou de arts later tegen me zeggen, waren leeg als het aanstaande leven van mijn man. Hij las de dood. Hij hield in. Stopte met praten. Keek naar mij, naar mijn man.

L'histoire se répète. Mijn lief, verstandig, goed formulerend, vroeg, begreep schijnbaar, schreef iets op, keek naar mij en schoof zijn stoel naar achter. Kennelijk wisten we wat er geweten moest worden. Het Gesprek was ten einde. Een ferme hand voor mijn man, een aai over mijn rug van de vriendelijke specialist. Dat maakte dat ik wakker schrok. Zo'n gebaar betekende niet veel goeds. Finale kwijting was het begrip dat toen in die spreekkamer bij mij boven kwam. Dat had ik tijdens mijn rechtenstudie altijd zo'n mooie uitdrukking gevonden. Niets meer van elkaar te vorderen, klaar, over en uit. Afgelopen.

Mijn man nam de leiding, hij voerde me het ziekenhuis uit. Naar de auto. Nam mij de sleutels af om zelf te gaan rijden. Naar een cafeetje in het centrum. Zoals we gewoon waren te doen. Een biertje met alweer dat schuim, zoals bij de eerste keer. Dat vreselijke schuim dat, omdat ik er niet van wilde drinken, alsof ik het moment moest uitstellen om aan de realiteit te kunnen ontsnappen, doodviel. Hoe tekenend.

Mijn man vormde als eerste de vertaling van het laatste half uur in het ziekenhuis.

"Nou, het is zover…"

Dat inzicht, dat ongelooflijk besef dat met die paar woorden binnenkwam, markeerde een einde van de route. De weg die we tot dat moment hadden gelopen vanuit de hoop dat het daarbij zou blijven, dat de regenboog zich onze kant op zou kleuren, liep dood. Letterlijk.

Een eerste slok van dat akelige bier deed me op de drempel van de nieuwe fase belanden. Met een harde dreun realiseerde ik me dat ik een plaats was opgeschoven in de tijdlijn en 'weduwe in spe' was geworden.

Er volgden zware tijden. Mijn man leed; hij had pijn, zag dat de toekomst beduidend korter was dan wat achter hem lag. Hij beleefde een nieuwe realiteit: die van de aanstaande dood.

Ik leed evenzeer. Ik had verdriet over zijn pijn, over de uit-zichtloosheid van zijn bestaan, over de voorspelbaarheid van zijn zijn, over alles wat er gebeurde. Ik deed wat ik kon, maar er was geen redden aan.

Ik voelde me machteloos, invloedloos. Ik stond erbij en keek ernaar. Ik kon niets doen om het verloop te stoppen, om de komende historie te vervormen, te veranderen. Ik probeerde de sterke te zijn, te helpen waar ik kon, niet te veel na te denken over wat komen zou, dankbaar te zijn voor de steeds spaarzamer wordende mooie en goede ogenblikken, dierbare herinneringen op te halen. Ik legde mijn arm om hem heen zodat hij kon slapen in mijn nabijheid. Ik gaf en gaf, alle vormen van mijn liefde. Maanden-, jarenlang. Ik putte mezelf totaal uit.

Verboden gedachten

Gaande deze fase, waarvan je je realiseert dat het de laatste inluidt, kunnen er gedachten in je opkomen, die je van jezelf niet mag hebben, die je wegdrukt en waarover je je kapot schaamt. Omdat het niet past, omdat het niet hoort. Omdat het zo ontzettend egoïstisch is.

Ingegeven door moeheid die zich als een tweede huid om je spint, zullen de woorden zich vormen; ze vatten post in de stilte van het aanstormende sterven.

"Was het maar afgelopen, was hij maar dood."

Zeer tot je eigen grote schrik verlang je naar zijn einde. Voor hem, om te zien dat zijn lijden stopt, maar ook voor jezelf. Omdat je het niet meer trekt. Omdat je niet meer kan. Omdat je de uitputting nabij bent, verlangt naar zekerheid. Weten waar je aan toe bent. Je wilt niet meer zien hoe je partner steeds verder aftakelt. Je wilt het gekreun van zijn pijn niet meer horen. Je wenst dat je kan beginnen aan het verwerken van het verdriet waarvan je weet dat het komen zal, dat elke dag als een zwaard van Damocles boven je hoofd hangt.

Uiterst pijnlijke gedachten die bij weduwen in spe voorkomen en ook ik heb gehad. Terwijl ik zo veel van mijn man hield. Terwijl ik droomde van een leven zonder ziekte, van ons vroeger bestaan.

Deze schaamtevolle gedachten zullen waarschijnlijk niet direct onderwerp van gesprek met je partner zijn. Ik wilde mijn man in elk geval niet lastigvallen met de kwetsende, wensende en tegenstrijdige woorden die zich voor een moment in mijn geest hadden vastgezet.

Het laatste wat ik wilde was hem kwijtraken, hem het gevoel geven dat ik het niet meer volhield, hem afdankte, dat hij maar moest sterven.

En toch is dat wat je af en toe kan denken, zijn deze wanhoopgedachten reëel. Ze komen in je bezorgdheid en enorme moeheid op.

Als je daarmee worstelt en je dit met iemand wilt bespreken, doe het dan met iemand die hetzelfde mee heeft gemaakt of die anderszins zoveel ervaring in het leven (en de dood) heeft dat hij of zij werkelijk snapt wat je zegt. Die begrijpt dat je niet van je man 'afwil', maar dat het een kwestie is van te veel, het niet meer kunnen dragen, het niet meer aan kunnen. Iemand die begrijpt dat je vecht tegen zoveel verwarrende gevoelens. Dat je aan de ene kant vol compassie wilt verzorgen, maar dat je tegelijkertijd het lijden bijna niet meer aan kan zien, dat je bekaf bent en je je ook zorgen maakt over jouw eigen toekomst. Dat jij, anders dan je man, niet weet waar je aan toe bent. Want laten we eerlijk zijn: de toekomst van je man is op enig moment wel duidelijk. Heel cru gezegd: hij gaat dood. Maar jij moet leven, jij moet verder na zijn dood.

Het rottige van deze situatie is – en dat is wel iets om bij stil te staan: uitgesproken woorden kunnen niet meer teruggenomen worden. Denk dus goed na met wie je dit bespreekt, als je dit wilt bespreken. Want je staat in no time te boek als de kille tante die haar man het liefst zo snel mogelijk het hoekje om ziet gaan. Terwijl je zo intens van je partner houdt en er alles aan doet om het leven voor hem draaglijk te houden.

Bespreek het, als je het al moet bespreken, met iemand die snapt dat jouw gedachten worden ingegeven doordat jouw vermogen om te verzorgen en te incasseren eindig is. Niet om andere redenen.

Niet gezien

Naast de vermoeidheid, de wirwar aan gedachten die je kwellen, kan het zijn dat er nog iets anders de kop opsteekt. Iets waar ik me niet erg trots over voel, maar wat wel de kop opstak.

Ik voelde me als weduwe in spe niet gezien.

Iedereen richt zich, vanzelfsprekend, op de patiënt. Het gaat om hem. Natuurlijk gaat het om hem. Maar tegelijkertijd, zeker naarmate het ziekteproces langer duurde, voelde ik me zo nu en dan ongelooflijk eenzaam en verlaten. Zo niet gezien. Terwijl ik met een glimlach koffie, thee, limonade serveerde, werd mijn lief gekoesterd in warme aandacht. Geenszins misgund, maar iets meer gedeeld had ik wel prettig gevonden. Wat weinigen zich realiseren is wat het betekent om (letterlijk) nààst het lijden te staan. Hoeveel verdriet het je doet om je partner zonder toekomst te zien. Hoeveel moeite het kost om flink te blijven, te blijven steunen en continue klaar te staan voor je lief. Weinigen zien hoe zwaar het is, om naast de zorgen over je partner ook om te moeten gaan met de andere zorgen, die over je kinderen, of over alle onzekerheden die op je pad komen. Hoe jij onder meer piekert over de prangende kwestie hoe je later alleen verder zult moeten.

Ik weet inmiddels wel dat ik nu, wanneer ik op bezoek ga bij een ernstig zieke, een extra bos fleurige bloemen aan de verzorgende partner, de weduwe in spe geef.

Omdat ik weet, omdat ik begrijp, omdat ik voel hoe zwaar het voor haar is.

Omgeving

Zolang de tijden buiten de deur nog redelijk onbezorgd waren omdat niemand van de hoed en de rand van de gezondheidskwestie wist, had je geen last van mensen die je goed – of minder goedbedoelde dingen toeroepen. Maar zodra men ervan weet, zal je mond af en toe openvallen van verbazing. Wat er al niet uitkomt! Mensen hebben uitspraken die je verdrietig maken, je pijn doen of je ronduit beledigen. Wanneer jij net hebt uitgelegd hoe beroerd het ervoor staat, hoor je:

"Hij ziet er toch nog goed uit!"

"Het zal allemaal wel loslopen."

"Hij is in goede handen."

"De chemo zal wel aanslaan."

Medisch niet-geschoolden blijken ineens een wereld aan kennis te hebben die ze bij wijze van troost over je heen storten.

"Laat hem positief blijven denken, de geest geneest, is krachtig."

"Geef hem dit wondersapje te drinken."

"Mijn alternatief genezer kan hem helpen."

Laten we maar uitgaan van het goede en denken dat zij je proberen te troosten. Maar hun woorden geven je valse hoop. Lopen om de realiteit heen; om de enige zekerheid, namelijk dat je man dood zal gaan, uit de weg te gaan. Mensen zijn angstig voor ziekte en verderf. Bang om over de dood te praten.

Ik had de neiging tegen al die commentaren in te gaan, ruzie te maken, te gaan snauwen. Dat helpt allemaal niet. Integendeel. Ik leerde gaandeweg wat beter is: vriendelijk glimlachen en me zo snel mogelijk uit de voeten maken. Ik besefte dat ik de wijste moest zijn. Discussie heeft geen zin. Alleen de tijd kon uitmaken hoe ernstig het was.

Ik probeerde te denken dat mensen het in principe goed bedoelen, dat wat zij beweren er op zo'n moment alleen verrekte onhandig of onaangenaam uitkomt.

Een nuttige uitspraak in dit verband: 'Erger je niet, verbaas je slechts.' Echt, het helpt!

Maar laten we niet te negatief zijn: natuurlijk zijn er veel lieve mensen in je omgeving. Mensen die je echt bijstaan, aardig voor je zijn, onverwacht lieve dingen doen. Richt je op hen. Laat ze nabijkomen, dat steunt!

Steun heb je nodig in deze zware tijden. Maar ik maak daar direct een relativering op. Want ook al heb je dierbaren om je heen, lieve vrienden en familieleden, je staat uiteindelijk alleen voor de zware taak om partner te zijn van een stervende. Echt helemaal alleen.

In de veelheid aan emoties, hoop en vrees, altruïsme en egoïsme, verdriet en vreugde, is er niemand die je echt kan helpen. Niemand die echt iets aan de omstandigheden kan veranderen.

Wat heb ik het in die periode koud, snerpend koud gehad. En wat was ik af en toe verloren en werkelijk alleen, zo verdomd alleen. Ik voelde me ontheemd, ik leefde zonder me van het leven bewust te zijn, ik stond naast mezelf, zonder mijn moeheid, zonder mijn uitputting te ervaren.

In die spanningsvolle tijden komt er misschien boosheid bij je op omdat de wereld gewoon doorgaat terwijl jouw man en jij zo lijden. Je voelt je in de tijd verdwaald, leeg. Alles wat je wilt, is de klok stopzetten. Je vecht tegen de dagen. Je wordt opgejaagd met de dood in de rug, de doodlopende weg naar het einde doemt op. En die weg loop je alleen, echt moederziel alleen.

Karakterveranderingen

In deze niet al te optimistische schets van de tijd speelde bij ons ook nog iets anders.

Mijn man veranderde. Door de werking van medicijnen, chemo en omdat de dood in zicht kwam. Ik moest afscheid nemen van zijn kracht, zijn leiderschap, zijn enorme power. Hij stierf letterlijk stukje bij stukje. Hij staarde soms in het niets, in een lege toekomst. Dan weer probeerde hij overeind te komen om de touwtjes in handen te nemen. Om, als dat niet lukte, in een diep verdriet te geraken waarin het besef van afscheid als een grote golf over ons heen spoelde.

Wat er zich in de komende maanden af zou spelen zou niet in de herinnering moeten blijven. Het verdere verleden was onze houvast, daar lag onze kracht. Toen alles nog vooruitzichten had, toen er nog een leven voor ons lag. We keken samen met vreugde naar wat was en we voelden samen tegelijkertijd de verstikkende stilte van rouw die aanstormde. Waaraan geen ontsnappen mogelijk was.

Mijn ervaring is dat bij de klinische behandeling van patiënten nauwelijks aandacht is voor het veranderen van je partner. Misschien omdat het moeilijk is in te schatten of en welke veranderingen zich gaan openbaren. Misschien ook omdat het buiten het bereik van de specialisten ligt.

Maar het kan goed zijn enigszins voorbereid te zijn op de wisselende stemmingen. De ene dag is je man lief, soft, minder uitgesproken, wil hij je de hele dag bij zich houden en de volgende dag stoot hij je af, is hij onaardig en kortaf. Heb daar begrip voor. Hij zit opgesloten in zichzelf, is onbereikbaar of ongeduldig. Hij gedraagt zich misschien impulsief, is haastig om nog alles uit de korte tijd die hem rest te halen. Of hij wordt juist lethargisch. Hij zwiept hoogstwaarschijnlijk van de ene naar de andere kant.

Jij staat er als weduwe in spe bij en kijkt ernaar. Realiseer je dat de buien niet op jou zijn gericht. Hij is hulpeloos, wordt meegesleurd door de golven van het beperkte zijn dat hem nog rest.

Is het gemakkelijk om deze strijd met de tijd te zien? Geenszins. Het is slopend, pijnlijk en verdrietig. Rationeel beschouwd, snap je dat zijn wereld verwarrend is, kleiner is geworden, dat hij worstelt met de dagen die door de dood al aangevreten worden, die hem in zijn macht hebben. Dat hij moet leven zonder nieuwe herinneringen. Dat hij leeft zonder toekomst. Maar emotioneel lijd je mee, wil je hem ondersteunen, troosten, zijn leven iets vergemakkelijken. En moet je er wederom tegelijkertijd voor zorgen dat je er zelf niet aan ten onder gaat.

Mijn werk heeft me in die periode geholpen. Ik heb zo goed en zo kwaad als het ging altijd doorgewerkt. Als zelfstandig ondernemer kon ik mijn tijden een beetje aanpassen aan het ziekteverloop van mijn man. Ik ben in de loop van die tijd momenten met hem gaan 'inplannen'. Wanneer ik een cliënt uitliet en een verslag had gemaakt, hetgeen bij elkaar zo'n twee-en-een-half-uur in beslag nam, ging ik niet direct door; ik nam de tijd voor mijn man. Hij wilde graag even samen zijn, even praten, even stil zijn. Ik ben blij dat ik daar de tijd voor heb genomen, ervoor kon nemen. Ik legde graag ons oude schema van altijd maar doorgaan en continu hard werken terzijde voor de bijzondere ogenblikken die ons werden gegund.

Herinneringen

Daarnaast was het voor mij troostend om (samen) terug te gaan naar herinneringen aan de tijd dat hij nog gezond was. We legden het goede vast. Mijn lief had een mooie doos tevoorschijn gehaald waar we kleine briefjes in stopten met korte verhaaltjes over mooie dingen die we hadden beleefd. Een enkele keer plakten we een foto op een briefje of noteerden een mooi citaat. Toen ik na de dood van mijn man de doos openmaakte, trof ik daar een CD in met favoriete muziek van hem. Dat was een ontroerend, een prachtig moment. Ik koester de herinneringendoos tot op dit moment.

Zelfmedelijden

De tijden die hier beschreven worden zijn, op zijn zachts gezegd, niet de meest vrolijke.

Het gevoel van 'Waarom overkomt ons dit? Waarom gebeurt mij dit?' trof ook mij soms, hoe sterk ik ook probeerde te zijn. Ik gaf er niet vaak aan toe, maar soms dacht ik dat het goed was de boel er maar eens uit te laten komen en mezelf ten volle in de ellende onder te dompelen. Ik liep dan in de gietende regen, werd door en door koud, ging ergens op de grond zitten om keihard te janken. Ik stortte letterlijk ter aarde. Liet alle woede en verdriet er uitkomen.

Maar: niet te lang! Ik wilde niet uren zwelgen in zelfmedelijden. Ik greep mezelf op enig moment weer bij de lurven. Ook al omdat ik doodmoe van al die emoties, van al dat gehuil werd. Dus komaan, zei ik dan, droog je tranen, smeer wat make up op zodat je er weer acceptabel uit ziet (helpt echt!) en sta weer op. Letterlijk en figuurlijk.

Uiteindelijk moeten we toch door. Volhouden, opgeven is geen optie. Dus is het maar het beste om niet te lang in de put te blijven zitten. Beter om jezelf een dienst te bewijzen; op te krabbelen na een uitbarsting van verdriet en maar weer verder te gaan.

Ik stond gedurende het ziekteproces zoveel mogelijk naast mijn man. Ik was hem, als weduwe in spe, zoveel mogelijk ter wille. Ik werkte rondom hem, ik maakte zijn lievelingsgerechten zolang hij nog een beetje kon eten, ik plande de momenten dat ik weg moest zo goed mogelijk in zijn rusttijden. We luisterden samen naar muziek die hij wilde horen. Ik stelde zijn wensen, zijn belang voorop. En wat ben ik daar achteraf blij om. Ook al was het af en toe razend lastig om alles zo te plannen; ik heb geen reden om te denken 'had ik maar'. En ik denk dat dat mij bij de verwerking van zijn heengaan heeft geholpen. We hebben de tijd zo goed mogelijk, zo samen mogelijk, gebruikt.

Dat geeft ook nu nog, zoveel jaren verder, een glimlach op mijn gezicht. Een paar weken voor hij stierf, wilde hij buiten zitten, bij het vallen van de avond. Het was stervenskoud, onverantwoord om in zijn toestand in de wind te gaan zitten, maar hij wilde de vogels horen zingen, van de tuin genieten, een glas wijn drinken en klinken op het mooie leven dat we hadden (gehad). We zetten de stoelen midden op het dauwachtige gras, een tafeltje met een kaars in een vaas tegen het uitwaaien naast ons en ik schonk een goed glas in. Daar zaten we, met een dekentje om ons heen gedrapeerd, met onze blik op het oneindige, op wat in het verschiet lag en op het verschotene. We waren vastgeklonken in ons samenzijn, genageld tot in de eeuwigheid.

Het was in die tijd natuurlijk niet altijd zo mooi, zo lieflijk als dat moment in de tuin.

Ik heb wat afgepiekerd. Vooral in de donkere nachten kwamen de vragen over de ongewisse toekomst, over alle onzekerheden. Ik vroeg me af: kun je je voorbereiden op de dood van je echtgenoot?

In emotionele zin niet, hoewel er mensen in je omgeving zullen zijn die het tegendeel beweren. Die na de dood stellen dat je je erop had kunnen prepareren. Onzin. Ze hebben geen idee. Het werkelijke gevoel, letterlijk, het voelen wanneer het zover is, het moment waarop je snapt wat het woord 'nooit' betekent, nooit meer zijn stem horen, nooit meer zijn glimlach zien, nooit meer zijn hand in de jouwe voelen: daar kun je je doodeenvoudig emotioneel niet op voorbereiden. Maar dat geeft niet. Dat komt wel als de tijd je meeneemt.

De vragen die me 's nachts bezighielden, waren meer praktisch van aard: Red ik het wel? Kan ik blijven wonen waar ik woon? Moet ik meer gaan werken? Hoe zal het voor de kinderen zijn zonder vader? Als ik maar gezond blijf! Hoe moet alles in financiële zin? Hoe onderhoud ik het huis? En gek genoeg ook: Wat doe ik in hemelsnaam met vakanties? Mijn man en ik waren een kei in samen op vakantie gaan, zonder plan, met alleen een hoed en een picknickmand.

De zorgen tolden 's nachts als een wervelwind om me heen. Ik kon er regelmatig niet van slapen. En dat terwijl de slaap me op de been moest houden, me tegen uitputting moest beschermen.

Ik ben van de lijstjes. Daarom ben ik begonnen met het opstellen ervan. Waar moest ik aan denken? Wat kon ik samen met mijn man voorbereiden? Wat moest ik van hem nog weten?

Het hielp mij wat zaken op een rij te krijgen zodat ik meer grip op de organisatorische kant kreeg, wat geruster werd en daardoor mijn broodnodige nachtrust pakken kon.

Ik begon met ordenen, niet alleen van mijn gedachten, maar ook van papier.

Ik maakte een ordner waarin ik alle belangrijke documenten verzamelde. Waarin ik kopieën van testament, hypotheekaktes, wilsverklaringen, relevante verzekeringspapieren en andere paperassen opborg. Zodat ik alles wat ik later nodig zou hebben, bij de hand had.

Als mijn man een goeie dag had, besprak ik de dingen met hem. In een derde persoon soms, alsof het een puur zakelijke kwestie was. Kon ik alle passwords krijgen van de computer, telefoon? Inloggegevens van sites, LinkedIn en Facebook? We zetten allebei ons werkgezicht op; zaken moesten worden afgehandeld, geen ruimte voor emoties nu.

Dat was anders toen ik vroeg of hij begraven of gecremeerd wilde worden. Ik stelde de vraag op een zonnige, windstille dag. Mijn man had wel zin in een wandeling, zei hij. Ik keek verbaasd op, dit was nauwelijks een antwoord op mijn vraag. Dat kreeg ik evenwel iets later, toen wij samen met de honden in de auto zaten en hij linea recta naar de begraafplaats reed waar hij ter aarde zou willen worden besteld. We laadden de honden uit, en liepen gevieren rond de bomen, de graven, de monumenten die geplaatst waren. Het was een Kafkaësk tafereel, wij arm in arm, de honden bedeesd, onder invloed van de sfeer, naast ons.

Bij een grote treurwilg zegen wij neer op een bankje. Ik met mijn hoofd in mijn handen, gebogen voor het onvermijdelijke dat zich in volle heftigheid aan me opdrong. Duizeligheid omringde me. Het was te veel voor dat moment, ik wilde het zakelijk houden, regelen, niet nu al in de pijn van de toekomst duiken. Mijn lief voelde mijn stemming haarscherp aan. Legde zijn hand op mijn rug en vertelde me heel stil, alsof hij de doden niet wilde wekken dat dit zijn laatste plaats zou worden. Ergens hier in het groen, tussen de anderen die hem waren voorgegaan, met licht, bloemen en zonder zware steen op zijn hoofd. Dat was wat hij wilde. Ik hief mijn hoofd, zette de wereld stil en koesterde hem. We waren samen, in de eeuwigheid van dit ogenblik, van de geschiedenis, van ons.

We hebben zo een poosje stil gezeten. Mijn man was, toch ook aangedaan door de veelomvattendheid van het gebeurde, moe geworden. Hij wilde naar huis. Hij vroeg mij later de feitelijke rustplaats te kiezen. Zolang het op deze begraafplaats was, was het goed. En o ja, hij wilde naar zijn graf gedragen worden, niets rijden op zo'n kar, grimaste hij er nog aan toe. Tillen zullen ze. Zonen en roeiers. Zo moest het zijn.

En hij wilde thuisblijven, zo lang het kon. Niet in een cel opgesloten worden, maar met een koeling thuisblijven tot het moment van ooit, tot zijn laatste (gedragen) gang.

Ik beloofde het.

Thuisgekomen ging hij rusten. Ik ging verder met voorbereidend geregel. Zocht uit hoe het met bankrekeningen zat, checkte of ik ingeval van overlijden overal bij kon zodat ik de lopende kosten kon voldoen, stelde voor om zijn oude auto vast op mijn naam te zetten zodat ik daar de vrije beschikking over had, vroeg naar gebruiksaanwijzingen van apparaten, en welke dierbare kostbaarheden hij aan de kinderen wilde schenken, zodat ik elk het hunne kon geven na zijn overlijden.

Het overzicht kwam, werd de dagen erna aangevuld en opgeborgen. Voor later.

Laatste fase

Intussen verslechterde de toestand van mijn man. Na een enkele ziekenhuisopname en een terugkeer daaruit, werd duidelijk dat de laatste en terminale fase was ingetreden.

We huurden een ziekenhuisbed, zetten dat beneden in de kamer zodat hij geen trappen meer hoefde te lopen. We kregen zorg overdag voor de noodzakelijke verpleegkundige hulp. Bezoek kwam alleen nog mondjesmaat na afspraken. Mijn man was dermate verzwakt dat hij alleen de kinderen en enkele heel goede vrienden wilde ontvangen.

Zijn vraag 'kom je nog even bij me zitten?' was aan de orde van zijn laatste dagen. Hij rechtop in de kussens, ik ernaast gekropen. Genietend van elkaar, in rust en een zekere acceptatie van wat volgen zou. Een gesprek, een knuffel, een bespiegeling, dat was wat ons restte. Een heel leven samengevat in een blik, in onze verstrengelde handen, in een tere glimlach in het van pijn vertrokken gezicht, in een zachte kreun, een halve slaap, een slokje water.

Hij ging ineens snel achteruit. We kregen nachtzorg aangeboden, hetgeen ik eerst afsloeg want ik wilde geen vreemden in huis. Ik kon alles zelf wel aan. Wijze mensen in mijn omgeving haalden me over. Ik zou moeten slapen om het vol te blijven houden, zeiden ze, om overdag de steun te kunnen blijven bieden die ik graag zelf bood. Ik bleef tegenstribbelen. Doorgaan tot het einde. Dat was zoals we al die jaren hadden geleefd en zo moest het blijven. Uiteindelijk ging ik overstag toen ik inzag dat het niet langer verantwoord was. Ik moest hulp aanvaarden.

Tot mijn verrassing gaf ik het roer gemakkelijk over toen de nachtzuster, zoals mijn man haar noemde, binnenkwam. Een grote dame die geen tegenspraak duldde, het heft in handen nam, mij naar boven stuurde en me sommeerde niet voor negen uur de volgende dag weer beneden te komen. Ik heb die nacht geslapen als een os. Mijn man had vrede met deze nieuwe situatie; hij liet zich verzorgen, voorlezen en had bijzondere gesprekken met haar.

We hadden een helder schema: de grote dame kwam in de avond, vertrok in de morgen.

Vier nachten hebben we zo samengewerkt. Zij kwam, ik ging. Ik kwam, zij ging.

Mijn man bleef.

Tot die laatste ochtend. Ik kwam beneden, zag mijn man in bed liggen, keek naar de grote dame en voelde de spanning. Ze knikte slechts, nam me weg van het bed en sprak.

Het was die nacht niet goed gegaan. Grote onrust was over mijn lief gekomen. Vaak een teken dat het einde nabij was. Ik belde de huisarts, die ons zo goed had begeleid en we al jaren kenden.

Hij kwam met spoed.

Weduwe in spe

Verboden gedachten
Bespreek deze alleen met mensen die het werkelijk begrijpen

Niet gezien
Je staat naast het lijden. Daarin sta je op de tweede plek en kun je je ongelooflijk moe en alleen voelen. Wanneer je je dat realiseert, kun je er beter mee omgaan.

Omgeving
Mensen kunnen hele stomme dingen zeggen. Leg het naast je neer, erger je niet, verbaas je slechts.

Karakterveranderingen
Door de ziekte, de medicatie of een uitzichtloos bestaan kan je partner veranderen. Je neemt dan al bij leven afscheid van wie hij was. Accepteer het en heb geduld om ermee om te gaan.

Herinneringen
Maak een document of een andere verzameling herinneringen. Bewaar korte anekdotes op briefjes, kleine voorwerpen, foto's of andere tastbare dingen in een doos.

Zelfmedelijden

Dat zul je soms hebben. Huil, ervaar, voel je gewond. Maar niet te lang. Het helpt niemand.

Piekerkwesties

Maak lijstjes over wat er allemaal geregeld kan worden. Breng orde in je chaos van denken.

Zorg dat je van belangrijke dingen op de hoogte bent.

Maak een ordner met (kopieën) van belangrijke documenten.

Heb onder meer aandacht voor:

* Is er een testament?
* Is dat nog actueel?
* Ken je de inhoud?
* Wie is de notaris?
* Moeten er voorafgaand aan het sterven nog gesprekken worden gevoerd met kinderen of andere erfgenamen over de aanstaande erfenis? Dit is sterk aan te raden om te voorkomen dat jij als weduwe boodschappen over de financiële kwestie de wereld in moet gooien. Beter om die taak, als jouw lief het nog aankan, aan hem over te laten. Het is in een relatie (ervan uitgaande dat jij hem niet zodanig beïnvloedt dat hij keuzes ter jouwer faveure maakt in plaats van die van zijn kinderen of andere erfgenamen) immers zijn keuze van beschikken.

Andere moeilijke gesprekken:

* Moeten er voorafgaand aan het sterven nog gesprekken van andere aard worden gevoerd?
* Moeten er nog meningsverschillen uit de weg geruimd?
* Moeten er nog vragen worden gesteld die alleen je partner kan beantwoorden?
* Kan er nog raad gegeven worden aan dierbaren als leidraad voor hun verdere leven?

Verklaringen: behandelverbod, euthanasie, donorschap of andere?
* Is er een verklaring die in bepaalde situaties behandelingen verbiedt?
* Is er een euthanasieverklaring?
* Is die up to date?
* Is dat recent besproken met de behandelend arts en huisarts?
* Weet je waar die verklaring is?
* Is er een gemachtigde aangewezen?
* Is je partner orgaandonor?
* Zijn die gegevens correct opgeslagen?
* Stelt hij zijn lichaam ter beschikking van de wetenschap?

Huis
* Waar is de eigendomsakte van het huis?
* Rust er hypotheek op het huis?
* Zo ja: waar is de hypotheekkakte?
* Is er een huurcontract?
* Zo ja: op wiens naam staat dat?
* Wat gebeurt er na overlijden van een eventuele hoofdhuurder?
* Kan dat overgezet worden als dat nodig is om er te blijven wonen?

Verzekeringen
* Waar zijn polissen van alle verzekeringen?
* Is er een begrafenisverzekering?

Geld
* Kun je bij het geld om de dagelijkse dingen direct na het overlijden te betalen?
* Is er een overzicht van bankrekeningen?
* Staan de bankrekeningen op naam van je partner of is het een en-of rekening?
* Als je man rekeninghouder is, zorg dan tenminste dat het een en-of rekening wordt.
* Zijn er ergens geheime potjes? (Om het verhaal te voorkomen dat iemand geld onder de traploper had verstopt en dat het huis na diens dood werd verkocht zonder dat nabestaanden

aan het verstopte geld hadden gedacht. Het verkochte huis is riant verbouwd.)

* Heb je de namen en adressen van mensen die je kunnen bijstaan in financiële kwesties? Denk aan een boekhouder, accountant, fiscaal adviseur.
* Is er een overzicht van verschillende banen in verband met pensioenopbouw?
* Is er een pensioenverzekering voor nabestaanden?

Eigen bedrijf
Heeft je partner een eigen bedrijf, kijk dan goed naar de organisatiestructuur. Gaan de aandelen ingeval van een B.V. naar jou? En wil je dat? Zit je lief in een maatschap, of werkt hij in een VOF (vennootschap onder firma), regel dan zaken over de continuïteit of eventuele afwikkeling ervan. Het kan zijn dat jij het bedrijf voort kan zetten, het kan ook zijn dat jij het geld eruit wilt halen en anderen het werk laat voortzetten.

Zorg in elk geval dat je op de hoogte bent van de organisatie van zijn werk en laat je informeren over consequenties die met verschillende besluiten te maken hebben.

En dat niet alleen: neem de juiste voorzorgsmaatregelen om te voorkomen dat je voor onaangename verrassingen komt te staan.

Passwords en codes
Het is heel pijnlijk om na de dood van een geliefde nog aankondigingen op Facebook of LinkedIn te krijgen van verjaardagen of jubilea op het werk. Zorg ervoor dat je de social media kan blokkeren dan wel opheffen. Dat betekent dat je passwords e.d. moet hebben van:
* telefoon (de gezichtsherkenning gaat helaas na een poosje niet meer op);
* computer (vingerafdruk is ook nog maar een heel tijdelijk optie);
* Facebook;
* LinkedIn;
* internet;
* Wifi

★ code en of sleutel kluis;
★ codes kantoor ingeval van toepassing.

Auto, brommer, fiets
★ Bij het hebben van een privéauto: op wiens naam staat de auto?
★ Kan die tenaamstelling veranderd worden zodat jij de eigenaar wordt? Wanneer je partner nog leeft kan hij gemakkelijker de auto overschrijven op jouw naam. Dan kan jij er mee doen wat jij wilt.
★ Is er een leaseauto van de zaak? Wat gebeurt daarmee na overlijden? Kun jij die overnemen als je dat zou willen?
★ Is er een auto van het eigen bedrijf van je man? Wil jij die gaan rijden na zijn dood? Wees voorbereid op wat je daarvoor moet regelen.
★ Weet je waar de autopapieren, brommerpaperassen en andere belangrijke documenten van vervoermiddelen liggen?
★ Heb je de fietssleutel van zijn fiets?

Hulpmiddelen bij ziekte
Weet je waar je het ziekenhuisbed, de rollator en andere zaken hebt gehuurd? Meestal moeten die vrij snel na overlijden terug naar het verhuurbedrijf. Handig als je weet hoe je die kunt bereiken.

Gebruiksaanwijzingen
Misschien is je partner de handige Harry en laat je technische dingen aan hem over. Maar bedenk dat wanneer je alleen staat, het makkelijk is als je een paar dingen weet of het op kunt zoeken. Onder andere:
★ Weet je hoe de tv werkt?
★ Hoe je programma's opneemt?
★ Hoe je batterijen vervangt van de afstandsbediening?
★ Hoe je radio ingesteld is?
★ Hoe je een ijskast ontdooit,
★ of een diepvries?
★ Wie je moet bellen als er iets is met de cv, de waterleiding?
★ Hoe je een lampje boven de afzuigkap moet vervangen
★ of een koffiezetmachine moet ontkalken?

Adressen

* Heb je adressen en telefoonnummers van de vrienden van je man?
* Is er een centraal adressenbestand en kun jij daarbij?
* Als het adressenbestand bijvoorbeed in Excel staat: weet je hoe dat werkt?
* Heb je adressen van zijn sportclubs, beroepsverenigingen waar hij afgemeld moet worden na zijn dood?

Overlijdensannonce

* Heb je een idee over een kaart?
* Moet er een foto op? Zo ja, zoek die dan alvast uit.
* Wil je er een citaat van iemand op? Zoek alvast.
* Wil je het in een krant hebben? Zo ja, welke?

Afscheidsplechtigheid

Wil hij begraven worden of gecremeerd? Dit kan een lastige kwestie zijn om te bespreken. Maar het moet! Je moet weten wat hij wil.

Als hij er niet over wil praten, bespreek het dan alvast met de kinderen of andere naasten.

De meest prangende vragen over het feitelijk afscheid op een rij:

* Wie begeleidt het feitelijk sterven?
* Moet er gewaakt worden in de laatste fase?
* Of, ingeval van euthanasie: wie wil je partner erbij hebben wanneer dat wordt uitgevoerd?
* Wil je man een begrafenis of een crematie?
* Ingeval van een begrafenis: zoek een begraafplaats en daarop een plek uit.
* Als je een hond hebt: mag die mee naar de begraafplaats?
* Ingeval van een crematie: weet je welk crematorium?
* Wil je je man begeleiden tot aan de oven?
* Wat wil hij dat er met de as gebeurt? Bijzetten? In een urn mee naar huis nemen? In een sieraad laten opnemen?
* Wat voor een soort kist kiezen jullie uit? Of wordt het een mand? Of gaat hij in lappen gehuld? Wat past bij je man en bij jullie? Heeft hij daar zelf een idee over?

* Wil hij een groots afscheid of wil hij in kleine of zelfs besloten kring worden begraven/gecremeerd?
* Wie nodig je wel, wie niet uit voor de plechtigheid?
* Van welke muziek houdt hij?
* Wil hij livemuziek?
* Wie zouden er kunnen gaan spreken?
* Welke begrafenisondernemer zou in aanmerking komen? Informeer vast zo hier en daar. Er zijn er tegenwoordig zoveel dat je echt iemand kunt kiezen die bij jullie past.

Na het overlijden
* wil hij thuisblijven, wil jij dat of laat je hem naar een mortuarium overbrengen?
* En als thuis een optie is: kist open of dicht?
* Mogen mensen thuiskomen om afscheid te nemen?
* Of, als hij naar een mortuarium gaat, moet er gelegenheid zijn de dode nog te zien? Veel mensen die op het randje van de dood balanceren, geven aan dat 'apies kijken' niet te willen. Het kan ook zijn dat jij het niet wilt omdat je man door ziekte amper nog herkenbaar is.
* Wil je man bloemen bij zijn kist?
* Welke kleur?
* Willen jullie een kledingvoorschrift voor de afscheidsplechtigheid?

Het zijn vragen die niet allemaal direct beantwoord hoeven te worden. Als het te pijnlijk is om de vragen op het ziekbed af te vuren, kun je af en toe herinneringen ophalen aan een overleden iemand en daaraan een vraag koppelen. Zo kom je er ook geleidelijk aan achter wat hij wil en of dat past in jouw ideeën over het afscheid.

Mind you: een afscheidsceremonie is meer dan een formaliteit. Een mooi afscheid, een ceremonie die past bij jullie, helpt bij de verwerking van zijn dood.

Geef er dus ruimschoots van tevoren aandacht aan!

5. Kersverse weduwe

De huisarts nam de situatie in ogenschouw en benoemde wat ik zo vreesde. Waar ik in zekere zin naar toe had geleefd, waarvan ik wist dat het zou komen en ik me tegelijkertijd niet voor kon stellen dat het werkelijk gebeuren zou. Het moment dat ik ondanks zijn lijden, mijn moeheid, zo lang mogelijk had willen uitstellen.

Mijn man was stervende.

Ik riep de kinderen, zij kwamen. Namen afscheid. Ik zat zoveel ik kon bij mijn lief die me liever was dan ooit, streelde hem, legde zijn armen boven, dan weer onder de deken. Aaide zijn haar. Keek als hij even wakker was in zijn ogen, zoekend naar zijn blik. Maar hij was weg, leek al verdwenen naar de plaats waarover wij slechts kunnen fantaseren. Waarvan wij hopen dat het goed is, een plek van het grote niets of één vol liefde. Als er maar vrede, rust, geen pijn is.

In de namiddag stokte zijn adem. Een laatste teug, een laatste zucht. Ik hield hem vast, wilde niet loslaten, huilde in stilte, wilde hem bij me houden, dwong hem te gaan zodat hij niet meer zou lijden. Kneep in zijn hand, liet hem los, wilde schreeuwen, was stil, kon niet geloven dat hij me verliet.

Hij stierf bij een bewolkte zon, ons samenzijn achter zich latend, zijn hand over de mijne, een laatste beschermend gebaar. Een overgang van pijn naar ontspanning, van lijden naar een reis waarvan alleen hij wist hoe die te bewandelen.

Hij liet ons, hij liet mij achter.

Het duurde even voor ik doorhad, voor ik wilde weten dat het eind werkelijk gekomen was. Ik was alleen bij hem; zijn warmte verwarde, zijn grip verflauwde, zijn arm gleed van het bed.

Hij schudde me daardoor terug naar de realiteit.

Het was voorbij, het was over. Een leven lang, ons leven lang in een ogenblik weggevaagd, historie, voltooid verleden tijd.

"Biertje?" hoorde ik in mijn gedachten, "zullen we even ergens een biertje drinken?"

Het werd een glaasje champagne. Samen met de kinderen en de huisarts hebben we mijn echtgenoot, hun vader en zijn vriend toegedronken, geproost op zijn leven, het goede benoemd en ons verdriet nog even verbeten. Het was nog niet echt, hij lag daar nog, warm, ontspannen, vredig.

Ik was blij dat ik bij zijn verscheiden was geweest, dat ik hem heb kunnen laten voelen dat hij niet alleen was, dat zijn dierbaren vlakbij waren, dat hij wist dat wij er voor elkaar zouden zijn zoals hij er voor ons was geweest, voor mij was geweest. Ik was blij dat hij er niet alleen tussenuit was gepiept.

Met een glaasje nog even bij hem zitten, de kinderen begeleiden datzelfde te doen.

Een laatste woord tegen hem zeggen, nu het nog kon, iets liefs dat hij mee zou kunnen nemen naar waar hij ook ging, voor de laatste keer zijn warme hand voelen, zijn warm gezicht vasthouden voordat de kilte het samenzijn definitief zou vernietigen.

De kinderen en ik sloegen onze armen om elkaar heen, er vloeiden eerste tranen. We zetten een stap naar wat er allemaal moest gebeuren.

Het begin van een nieuw tijdperk. De mallemolen van geregel zou gaan draaien.

Er moest van alles georganiseerd worden. Als eerste belden we de begrafenisondernemer die we eerder hadden geselecteerd. Zij was er snel, condoleerde ons met een wat verwarde blik op onze champagneglazen en toog aan het werk. Ze verzorgde mijn lief. Met rustige beheerste handelingen werd hij gewassen en aangekleed. Ik hielp haar, geen anderen erbij. Bewaken van zijn privacy was het laatste dat ik voor hem kon doen.

Ik haalde zijn favoriete blazer tevoorschijn en een overhemd. Bij de das twijfelde ik, ik kreeg ineens een aanval van zuinigheid. Niet zijn mooiste kiezen, die kon wel naar een van de kinderen. Beter een andere uit de kast halen, niet van zijde. Niemand die het zag. We zouden de kist toch niet openhouden.

Wilde ik het overhemd nog strijken voor het aanging, vroeg de begrafenisondernemer? Ja, alleen het kleine front dat onder de blazer zichtbaar zou zijn. Ik ging met een glimlach terug in de tijd, naar de eerste arts, waar het allemaal was begonnen. De begrafenisondernemer keek me aan, begreep mijn binnenpretje niet en ging door met haar werk.

"Geen schoenen," kreeg ik te horen toen ik met een deels gestreken overhemd en twee schoenen weer terugkwam bij mijn man. "Schoenen verteren niet."

Als laatste werd onze trouwring afgedaan. Met wat zeep schoof hij af, zo zijn nieuwe leven, het doosje op mijn nachtkastje in, tot nader order opgesloten.

Het was klaar, mijn man lag, keurig aangekleed, fris op de verschoonde lakens van het ziekenhuisbed, onder een witte deken. Ik vroeg om een moment alleen. De begrafenisondernemer verdween naar de eettafel om papierwerk te doen.

Daar zat ik, alleen met mijn goed verzorgde, sterke, mooie en o zo dode man. Zijn handen gevouwen alsof hij ter kerke was gegaan. Daar zouden we zeker geintjes over hebben gemaakt als hij nog kon praten. Godsvruchtig gevouwen handen, niets voor hem.

Het moest verlicht worden. Ik liep naar de tuin en plukte wat bloemetjes, zijn lievelingsbloemen. Ik vlocht ze door zijn vingers. Ik schreef een klein briefje met een tekeningetje erop, zoals we altijd hadden gedaan als een van ons een paar dagen weg moest voor werk of anderszins. Dat legden we dan bij een tandenborstel of op het kussen zodat het zeker gevonden zou worden. Ditmaal legde ik het papiertje onder zijn duim. Met de verstijving die nu snel in zou treden zou het blijven zitten. Kon hij het mee nemen, de aarde in. Ik zag hem in stilte glimlachen bij de tekst en mijn wat miserabel uitgevallen smiley.

Toen ik terugkwam bij de begrafenismevrouw waren de kinderen en zij de kist aan het uitzoeken. De voorbeelden in de map bladerden over elkaar heen, we waren er snel uit. We konden zelfs ons hoofd buigen over de kleur van het ondersteunend kussentje onder zijn hoofd. De kist met toebehoren zou besteld worden en zo snel mogelijk thuis afgeleverd zodat 'meneer' in zijn definitieve rustplaats kon worden gelegd. Tot die tijd bleef hij waar hij was, op het ziekenhuisbed, vertelde de begrafenismevrouw. Alsof hij een keuze had.

Af en toe ging een van de kinderen even bij hun vader zitten. Het was inmiddels gaan schemeren en we zetten een zacht lichtje bij hem op het kastje. We haalden alle medicijnen bij het bed weg en sloten het boek waar hij nog optimistisch in begonnen was.

Ik belde mijn beste vriendinnen om het nieuws van zijn sterven te melden. Ze kwamen en troostten. Ik vond het fijn ze om me heen te hebben, om die eerste momenten mee door te maken. Er was het moment van schok en het gevoel van opluchting dat het voorbij was, dat eindelijk een einde aan het lijden is gekomen. Een van mijn vrienden zette de deuren naar de tuin wagenwijd open. Om zijn geest weg te laten vliegen, zei ze. De ander pakte een van de honden op en zette die op bed bij mijn man. Zodat het dier wist dat zijn baasje niet meer bij de levenden hoorde. Ik zette muziek op die we allebei zo mooi hadden gevonden. Later besefte ik dat het impulsieve handelingen waren geweest. Iets waarover ik misschien eerder na had kunnen denken. Maar aan de andere kant gaat het zoals het gaat. Deze manier paste op dat ogenblik bij ons. In die eerste uren na de zo ingrijpende gebeurtenis waren we samen, verenigd in ons eigen gevoel.

De kinderen zaten bij elkaar aan de eettafel, wachtend op de pizza's die besteld waren.

Ze belden intussen familieleden en de beste vrienden van mijn man. Ik was blij dat zij die rol op zich namen. Zij waren, op hun beurt, blij dat ze iets te doen hadden, een functie hadden. En zeiden ze: "Wanneer je het droeve nieuws een paar maal hardop hebt verwoord, wordt het reëler. Wordt het echt. Dan dringt het langzaam tot je door en klinkt het in."

Inklinken zou het. Diezelfde avond al, een heel klein beetje.

Toen iedereen weg of naar bed was, ging ik bij mijn lief zitten. Zoals we zo vaak hadden gedaan als hij mij vroeg:

"Kom je nog even bij me zitten?"

Wat was ik blij dat we besloten hadden mijn man thuis te laten en niet weg te brengen naar een rouwcentrum. Zo hoefde ik nog niet helemaal afscheid te nemen, zo was hij fysiek nog een beetje bij me. Het droeg bij aan mijn gevoel van realiteit en acceptatie.

Ik kon met hem praten, 'samen' een borrel drinken. En dat deed ik die eerste avond. Ik zette zijn favoriete glas bij zijn bed en proostte in het donker met hem in dankbaarheid voor de goede dingen van zijn leven. Van ons leven samen.

Dat bleef ik ook de dagen erna doen, toen hij goed en wel in zijn kist was beland. Die sloten we af, maar we konden hem gemakkelijk openen wanneer we dat wilden. Ik deed dat met enige regelmaat in het donker van de nacht. Ik zat dan naast hem, keek bij kaarslicht naar hem en trachtte te verwoorden wat ik voelde. Ik verbeelde me dat hij luisterde, me moed in sprak en me later zachtjes goedenacht wenste.

Op de derde dag na zijn dood gebeurde er iets vreemds: ik had mijn stoel weer naast hem gezet, ik schoof de deksel van de kist iets naar beneden zodat ik zijn gezicht kon zien. Ik merkte dat zijn gezichtsuitdrukking was veranderd. Er was een zekere ontspanning opgetreden. Hij leek waarlijk te glimlachen. En er was meer: zijn kleur was veranderd. Waarschijnlijk door de medicatie die hij lang heeft genomen, was zijn huid worteloranje gekleurd. Hij had altijd van vrolijke kleuren gehouden; hij zou blij geworden zijn te weten dat hij niet asgrauw, maar met een kleurtje de eeuwigheid in zou gaan.

Maar we lopen vooruit. Eerst kwam na het feitelijk overlijden, de nacht, die eerste nacht.

Helemaal alleen, stil, uitgeput, verdoofd, verdrietig, opgelucht, opgejaagd, verward, de realiteit willen pakken maar er niet bij kunnen. Niet ten volle beseffend wat er was gebeurd.

Ik hoefde niet meer alert op geluiden te zijn, ik hoefde er nooit meer uit om mijn man te begeleiden of om hem te drinken te geven. Of de nachtzuster op te vangen, tot negen uur 's morgens op mijn slaapkamer te blijven zitten.

Hij was weg. Voorgoed weg. Een leeg kussen, wat rommeltjes op zijn nachtkastje, slingerende kleren in de slaapkamer. Verlies van dat moment.

Slapen, ik moest slapen. Er zouden immers nog zware tijden volgen, zoveel te regelen, zoveel te doen. Hoe moest het allemaal? Paniek.

"Kalm, het komt allemaal mettertijd," zei zijn stem, "neem de dagen dag voor dag."

De volgende morgen begon het circus echt op gang te komen. We kozen, samen met de begrafenismevrouw die de volgende morgen weer op de stoep stond een datum voor de plechtigheid. We waren blij dat we iemand in de arm hadden genomen. Alles zelf regelen is een behoorlijke klus; het is fijn als iemand alle ambtelijkheden van je overneemt, een tas vol voorbeelden van kaarten en papiersoorten voorschotelt waaruit je kunt kiezen, ervoor zorgt dat je vrij snel de enveloppen kunt gaan schrijven en het drukproces van de kaart voor zijn rekening neemt.

Mijn man had aangegeven wat zijn idee over zijn uitvaart was. Vanuit huis naar de begraafplaats vertrekken, sprekers vragen die echt konden spreken en niet alleen maar snotterend uithaalden. Hij had iemand die hij eerder had bedacht te laten spreken, van het tableau geschrapt omdat hij haar te wazig vond worden en de verhalen die werden verteld moesten wel in lijn zijn met zijn eigen, heldere belevingswereld. Hoewel zijn kracht vlak voor zijn sterven afnam, had hij aan deze duidelijkheid gelukkig niets verloren. De kinderen en ik zouden alles zoveel we konden naar zijn wensen uitvoeren.

Daarbij hebben we ook aan onszelf gedacht. Een afscheid is meer dan een vaarwel zeggen. Het is een belangrijke stap naar de volgende fase, van doorgaan, het markeert het begin van je nieuwe situatie. En de ceremonie speelt daarin een wezenlijke rol. Ik vond het heel fijn de dag met de kinderen in harmonie vorm te geven, mijn man te eren en onze eigen ideeën daarin naar voren te laten komen. Wij waren in de gelegenheid het afscheid thuis, in de tuin, te organiseren. Dat gaf iets beslotens en kwam tegemoet aan de wens van mijn man echt zo lang mogelijk thuis te zijn, waar hij zo gelukkig was geweest, wat zo zijn basis in zijn leven heeft kunnen zijn.

Ik zou, naast de kinderen en een paar dierbare vrienden, zelf ook speechen. Als eerste, dan had ik het maar gehad. Want echt gemakkelijk zou dat niet worden. Wat moest ik zeggen, hoe kon ik afscheid nemen van de man die mijn leven vervulde, me mede had gevormd, die zo met me was vergroeid, zo een deel van mijzelf was geworden? Die me zo had gestimuleerd mijn dromen te verwezenlijken, me zoveel had geleerd, me zo had liefgehad en mij de gelegenheid had gegeven zoveel lief te hebben?

Ik heb lange wandelingen in het bos gemaakt met een blocnootje bij me om tekst op te schrijven als die boven zou komen. Gezeten op een boomstam, met het geruis van de bladeren keek ik naar de honden die hun baasje zo misten en onrustig tussen de takken leken te zoeken naar zijn spoor. Het enige dat zij vonden was een verdwaald muisje of ander klein wild.

De wanhoop nabij omdat de dag van het afscheid naderde en ik nog geen letter op papier had, kwamen de woorden in het holst van de nacht aangedreven. Ik schreef in klein maanlicht wat ik wilde zeggen, me er rekenschap van gevend dat het bij lange na niet zou kunnen dekken wat ik werkelijk te zeggen had, wat ik werkelijk voelde. Die woorden kunnen niet gevormd, slechts gevoeld worden.

De enveloppen werden geleverd. Samen met vriendinnen hebben we een middag zitten schrijven. Hebben we gelachen om herinneringen die bovenkwamen, gegniffeld over het selectieproces van wel of geen kaart, adressen opgezocht, veel thee gedronken en een eerste lading spanning eruit laten komen. Met de daarbij horende en zo beroemde lach en een traan.

Soms werd er aangebeld en kwam er onverwachts bezoek, dat door de kinderen met een kop koffie ('eentje want we moeten door') werd ontvangen dan wel werd weggestuurd als zij begrepen dat ik geen behoefte aan hen had.

Ik leerde paal en perk te stellen aan mijn gastvrijheid. Ik moest nu mijn eigen welzijn op de eerste plaats zetten en had momenten van rust nodig om me voor te bereiden op de dag des afscheid. Dus sommige mensen werd vriendelijk gevraagd later een afspraak te maken, hoe hartelijk hun medeleven dat zij aan de deur en eigenlijk binnen wilden tonen ook was.

Frappant was het bezoek van een weduwnaar die beslist niet in het adressenbestand van vrienden was opgenomen, geen annonce zou ontvangen maar wel lucht had gekregen van het overlijden van mijn man. Hij stond daags erna op de stoep. Met boodschappen, vers spul van de markt. Zodat ik goed zou blijven eten in droeve tijden. Als hij dan voortaan mee mocht eten, dan was ik niet zo alleen en kreeg hij ook zijn voedzame maaltijd voorgezet. Alles in één klap geregeld moet hij hebben gedacht. De zonen hebben krachtdadig (gelukkig was gewelddadig net niet aan de orde) voorkomen dat deze opdringerige man zijn boodschappenservice heeft voortgezet.

Bij het schrijven van de adressen kregen mijn vriendinnen en ik het over kleding. Of ik al had nagedacht over wat ik aan zou doen? Geenszins. Ik zou wel kijken wat ik in de kast had. Mijn man had van verzorgde kledij gehouden dus ik zou beslist iets hebben wat ik aan kon doen.

Maar een van mijn dierbaren nam het voortouw. Ze zou me de volgende dag ophalen, meenemen naar een gepaste winkel en iets moois uitzoeken met me. Ik moest iets nieuws aan. Zo geschiedde. Het was vreemd te winkelen voor de begrafenis van je leven. Maar ik wist dat ik die dag naast de kinderen in het middelpunt van de belangstelling zou staan. Ik wilde er mooi uitzien. Dus kozen we een prachtige jurk uit, die ik later met een wat vrolijker accessoire ook op feestelijkere gelegenheden zou kunnen dragen.

Met het werk van alle voorbereidingen tikte de klok door. De organisatie was rond, de gasten uitgenodigd, de catering geregeld, de begraafplaats besproken en gegraven.

De dag van het daadwerkelijk afscheid brak aan.

Familie en intieme vrienden kwamen aan. En het was onvermijdelijk: de kist moest gesloten worden. Mijn lief zou niet langer zichtbaar zijn, de eerste horde van het afscheid moest genomen worden. We hadden schermen om de kist heen gezet om privacy daarbij te garanderen. Het sluiten, wat bij ons bestond uit het aandraaien van de schroeven in de kist zodat hij nooit meer open kon, zou in heel intieme kring plaatsvinden.

Mijn hart klopte in mijn keel. Misschien was dit wel het moeilijkste van de hele dag. Het geroezemoes van familie en vrienden die binnendruppelden, mijn laatste momenten met mijn man, het willen stoppen van de tijd, het niet willen maar wel moeten afsluiten.

Een vers bloemetje, een enkele tekening van een kleinkind, een aai, een koude kus. Uitstel.

Ik pakte de schroef, ik draaide hem in de kist. De kinderen volgden. Mijn lief, hun vader, verdween onder licht hout, uit zicht, klaar voor het grote donker.

Hij werd weggedragen naar de plaats waar we de ceremonie zouden starten. Bloemen rondom, onze rozen op zijn kist. Mensen werden ontvangen, muziek werd gedraaid, het begin van het einde.

Ik werd als eerste uitgenodigd te spreken. Vlak ervoor had ik te kennen gegeven dat ik 'nog even bij hem wilde zitten'. Er was schielijk een krukje bij de kist gezet en ik werd erheen geleid. Ik klom boven op de kist. Het was doodstil. De microfoon werd bijgesteld. Ik schraapte mijn keel, aaide de plek waar ongeveer het hoofd van mijn liefde moest liggen en sprak, op hem zittend, de moeilijkste woorden uit die ik ooit had moeten uitbrengen.

Na afloop van de plechtigheid werd mijn man zoals we hadden afgesproken weggedragen naar de zwarte auto die voor het huis stond te wachten. Ik liep er, ondersteund door een van de kinderen achteraan. Zij groot, ik kleiner dan klein. Het leek wel alsof de dag mij had doen krimpen tot een schim van wie ik was.

Ik nam plaats in een van de volgauto's. Aan de andere kant van de straat stond mijn beste vriend, alleen, los van de rest van het gezelschap, met zijn blik op mij gericht. Een aanmoediging om de stap te zetten, om de kracht te hebben de auto in te gaan, om het laatste pad samen met mijn man te gaan. Ik deed wat verwacht werd en stapte in.

We reden naar de begraafplaats. Ik heb geen idee meer van de route die we aflegden. Ik weet alleen dat we aankwamen daar waar men vond dat we moesten zijn.

De auto's stopten, ik moest uitstappen. Maar in een stil protest had ik mijn schoenen uitgedaan. En ik deed ze niet weer aan. Ik zou het gewoon niet doen. Ik zou verhinderen dat mijn man weg zou gaan, dat hij onder de aarde terecht zou komen waar ik hem niet meer kon vinden, niet meer kon zien.

Mijn zoon porde me. Zachtjes, onverbiddelijk. Zijn ogen deden mij mijn schoenen zoeken. En aandoen.

Ik stapte uit.

Mijn leven eindigde die dag voor een deel. Bij het neerdalen van de kist, het loslaten van het touw waarmee wij, de kinderen en ik, hem zachtjes lieten neerploffen op zijn nieuwe bodem, verdween een deel van mijzelf. Ik begroef hem, ik begroef ons. Voorgoed.

Kersverse weduwe

Wil je een kort ceremonieel moment vlak na de dood?
Alleen of met de kinderen of andere naasten?

Directe acties na het sterven:
* Begrafenisondernemer laten komen.
* Verzorging direct na de dood regelt de begrafenisondernemer, maar kijk alvast of je zijn ring en eventuele andere sieraden af kan doen en of je zijn kleding kan kiezen voor in de kist.
* Naaste familie en vrienden kan inlichten.
* Blijft hij thuis? Kies een plek in huis waar hij kan staan.
* Wordt hij begraven of gecremeerd?
* Waar?
* Bij een begrafenis: kies een plaats uit.
* Denk daarbij aan: water geven (dicht bij een kraan), licht, een bankje in de buurt.
* Bereid de plechtigheid voor.
* Maak je definitieve muziekkeuze.
* Kaart definitief maken, check dubbelcheck spelling!
* Adressenbestand compleet maken
* Enveloppen schrijven of adresstickers (laten) maken.
* Denk na over bezoek aan huis, dan wel in een rouwcentrum.
* Welke bloemen wil je?
* Regel je eigen passende kleding, inclusief schoenen die je een poos aan kan.
* Sprekers: welke eisen stel je aan hen en wie kies je?
* Laat je de tekst aan hen over of ga je onderling je afstemmen?
* Wie is je ceremoniemeester tijdens de plechtigheid?
* Wil je opnames laten maken?
* Heb je een pilletje nodig om de dag door te komen?
* Wat doe je met je naasten na de plechtigheid? Ga je ergens eten o.i.d.?

6. Weduwe, de eerste weken

Hoe onwerkelijk of onrechtvaardig het ook leek, de volgende morgen kwam de zon gewoon weer op. Ik vroeg me af waarom ik op zou staan. Waarom ik in hemelsnaam deze dag zou willen beginnen. Kon ik niet gewoon met de geschiedenis mee ten onder gaan? Ophouden te bestaan? Verdwijnen in een niets?

Ik had mijn volwassen zoon nog thuis, hij bleef nog even bij me. Kijken hoe het zijn moeder verging, hij hield een oogje in het zeil. Ik vermande me, besefte dat ik geen keus had. Het was volstrekt duidelijk. Opstaan zou ik. Deze dag en alle dagen erna. Opstaan en weer doorgaan zou het nieuwe devies zijn.

Ik dacht, een beetje naïef misschien, dat ik de zwaarste tijd achter de rug had: ik hoefde mijn partner niet langer te verzorgen. Ik kon me weer meer concentreren op bijkomen na de val en proberen een draad te vinden in het leven en die op te pakken. Nu weet ik dat dat een illusie is. Mijn leven zou anders worden, maar makkelijker? Vergeet het maar. Zijn einde markeerde mijn nieuw begin. En dat opnieuw beginnen zou allesbehalve meevallen.

De eerste periode werd ik nog geleid door geregel. Dat was nog niet afgelopen. Er moesten zaken worden afgewikkeld. Bedankjes schrijven, een afspraak maken bij de notaris, spullen opruimen, zakelijke contacten informeren, mijn dagritme hervinden, slapen, denken in een ik-vorm; er was genoeg te doen. Waar te beginnen vroeg ik mij vertwijfeld af? En zo simpel als het leven soms kan zijn, was in die vraag meteen het antwoord te vinden: bij het begin.

Het graf

Ik ging de volgende dag terug naar het graf. Nieuwsgierig of mijn lief al was toegedekt door de hoop aarde die ik de dag ervoor, netjes bedolven onder takken, had zien liggen in een hoekje van zijn laantje.

Ik wilde alleen gaan. Ik wilde niemand mee hebben die eerste keer (en de keren erna eigenlijk ook niet). Ik eigende me het graf toe. Als een soort leeuwin beschermde ik de bloemen, de kaartjes, de linten. Daaronder lag mijn man, mijn leven, niemand anders (behalve de kinderen) zou het moeten wagen eraan te komen. Ik herschikte de bossen bloemen, de losse rozen, de kleinigheidjes die mee waren gekomen. Ik wilde de fleurigheid van mensen die me erg dierbaar waren meer in het zicht hebben dan van andere, minder goede vrienden.

Vriendinnen hadden aangeboden mee te gaan. Omdat het misschien te akelig zou zijn om daar alleen aan zijn voeten te staan, zonder steun, zonder arm om op te leunen.

Maar dat zou sowieso mijn toekomst worden dus ik vond dat ik daar maar direct aan moest wennen. Alleen. Me and myself, dat zou het immers gaan worden.

En alleen was ik niet op de begraafplaats. Ik ging naar mijn lief toe. Daar kon ik bij hem zijn.

Een beetje 'samen', daar kon ik met hem praten. Daar was nog een heel klein beetje troost, daar was nog een beetje 'wij'.

Niet iedereen begreep dat. Er was een vriendin, die elke dag vroeg of ze me kon vergezellen. Het was niet goed voor me alleen te gaan, zij zou me helpen met de bloemen, ze zou plantjes kopen voor als alles was uitgebloeid, zij zou van alles.

Ik wilde niets van haar. Ik liet haar niet toe. Ik heb het vriendelijk proberen uit te leggen, daarna minder vriendelijk. Ik vertelde dat het voor mij prettig was daar te zijn, een beetje te mijmeren, een beetje te tutten, een beetje simpelweg te zijn. Alleen.

Ze begreep het niet. Drong zich op. Zij verplaatste zich niet in mijn positie en eerlijk is eerlijk, ik niet in de hare omdat ik vond dat dat nu niet aan de orde was. Einde discussie. Einde vriendschap ook.

Gaande het verwelken van de bloemen drong een vraag zich aan me op: welk gedenkteken zetten we op het graf? Mijn man had aangegeven dat hij geen steen wilde. Niet iets zwaars op mijn hoofd was zijn tekst geweest. Misschien iets van glas? Maar was dat wel praktisch? Werd dat niet snel vies?

Ik heb er vrij lang over gedaan om uiteindelijk een keuze te maken. Veel rondjes gelopen over de begraafplaats om inspiratie op te doen. Ik besloot dat ik de tijd zou nemen, het graf in eerste instantie netjes en beplant zou maken en later pas een monument zou plaatsen. Iets wat zou passen bij mijn man, bij de kinderen en bij mij. Ik vond het belangrijk tijd te nemen zodat ik gedachten kon ontwikkelen over wat het worden moest. Een gedenkteken plaats je immers voor een heel leven. Voor een hele dood liever gezegd.

(Levens)testament

Ik werd opgeroepen bij de notaris. Hij legde me uit wat er zou gebeuren, wat mij te doen stond, waar ik over na moest denken. Hij, ook van de lijstjes, gaf duidelijk aan welke stappen ik moest nemen. Hij borduurde voort op de gesprekken die mijn man en ik eerder met hem hadden gevoerd. Het was ingewikkeld, maar ik probeerde alles te vatten. Ik nam over fiscale en andere financiële zaken adviseurs in de arm die mij konden raden. Maar uiteindelijk stond ik aan het roer en moest ik niet alleen alles snappen maar ook beslissingen nemen.

Ik was natuurlijk door de dood van mijn man een ervaring rijker geworden en was me ervan bewust dat er bij ziekte of dood heel wat geregeld moest worden. Dat vertaalde ik naar mijn eigen situatie. Nu ik toch regelmatig met de notaris in contact was, nam ik meteen mijn eigen testament door om te bezien of het aangepast moet worden. Onder het mom van klaar is klaar.

Niet alleen de dood kwam daarbij ter sprake. Nu mijn man er niet meer was om voor mij te zorgen als er iets met mij gebeurde, besloot ik ook mijn levenstestament op te stellen. Daarin machtig je iemand die voor jou kan handelen wanneer je (tijdelijk) bent uitgeschakeld, zoals het doen van betalingen of zelfs beslissen over gezondheidsvraagstukken.

Nu ik geen partner meer had die automatisch mijn zaken behartigde, nu ik op mijzelf was aangewezen – een realiteit die ik onder ogen moest zien – was het goed dat ik iemand koos die dat voor mij zou kunnen doen, voor het geval dat.

Ik prees me gelukkig dat de afwikkeling bij de notaris soepel verliep. Hoe vaak hoor je niet van ruzie, van ellende bij verdeling van de spullen.

Spullen

Naast de afwikkeling die door de notaris werd begeleid was er een onderhandse lijst die mijn lief had gemaakt van hem dierbare spullen die hij onder de kinderen wilde verdelen.

Bij een etentje met alle kinderen heb ik geprobeerd aan zijn wens te voldoen en ieder het zijne te geven. Uiteindelijk, na een emotioneel samenzijn waarbij herinneringen werden opgehaald, vertrok bijna iedereen onder achterlating van het hem of haar toebedeelde. Of ik het nog even wilde bewaren tot ze er ruimte voor hadden? Het stond of hing hier toch mooi? Later zouden ze het willen hebben, nu nog niet.

Tot op de dag van vandaag heb ik sommig moois onder me. Het wacht tot de kinderen zover zijn het in huis te nemen.

Naast dat wat mijn man had bedacht om te verdelen liep ik tegen minder waardevolle, meer emotionele spullen aan. Zijn lievelingsboek, zijn oude vliegeniersjack, zijn hoed, zijn manchetknopen, zijn bergschoenen, zijn vulpen, zijn gereedschap. Ogenschijnlijk 'gewone' dingen die evenwel van zoveel betekenis waren, herinneringen in zich droegen die we bij ons wilden houden.

Ik ben gaandeweg gaan informeren wie wat wilde hebben. Op aanraden van een 'collega-weduwe' ben ik daar niet te vroeg mee begonnen. Ik moest er zelf ook klaar voor zijn om onze zoon in het iets te grote vliegeniersjack te zien lopen. Om een volstrekt waardeloos maar o zo gekoesterd groot Van Nelle-blik waar oude lappen in werden bewaard, weg te kunnen geven. Het afstand doen van dingen die zozeer aan mijn man waren gerelateerd, maakte dat ik, op elk moment dat ik wat weggaf, meer afscheid nam. Pijnlijk en fijn tegelijk om te zien dat iets werd hergebruikt, werd neergezet, werd omarmd.

Soms gaf ik iets weg dat ik de dag erna zelf heel goed had kon gebruiken. Even terug lenen dan maar.

Het was goed om dingen weg te geven waar mensen blij van werden. Maar wat deed ik met het doosje op het nachtkastje, het doosje met onze trouwring erin? De helft van onze verbintenis, nu niet langer gebruikt, lag daar loos en niets te doen.

Wat was gebruikelijk? Bij gebrek aan een etiquetteboekje hierover, ging ik googelen. Ik vond talloze mogelijkheden. Ik zou hem om mijn nek kunnen hangen, hem laten verkleinen en bij mijn eigen trouwring voegen, een nieuw sieraad van laten maken of simpelweg inleveren bij een goudboer in ruil voor cash.

Ik had er even tijd voor nodig, maar uiteindelijk heb ik hem laten verkleinen. Ik heb hem altijd om, onze trouwringen flankeren de ring die ik ooit in moeilijke tijden van mijn zoon kreeg.

Mijn mannen binnen handbereik. Ik kijk er elke dag naar en het maakt me blij.

Iets anders waar ik mee zat: zijn mobiel.

In de begindagen na de dood van mijn lief rinkelde dat ding nog wel eens. Zijn tune, een kerkklok, deed me opschrikken als de wereld hem probeerde te bereiken. Vaak was het een meneer zusenzo die een verzekering of telecomabonnement probeerde aan te smeren. In het begin bleef ik beleefd luisteren, later riep ik direct dat mijn man dood was en erna blokkeerde ik de bellers. Ik hield wel zijn abonnement aan en bewaarde zijn telefoon. Af en toe luisterde ik naar zijn stem op de voicemail. Of belde ik van zijn toestel naar het mijne als ik mijn telefoon kwijt was. Dan zag ik, wanneer ik hem gevonden had, zijn naam als gemiste beller.

Gemist, dat was wel zeker.

Routine

Op een gegeven moment pakte ik mijn normale routine weer op. Kleren opruimen, wassen, strijken. En dan komt het bed, dat hoognodig verschoond moet worden.

Maar o, dat bed... wat zou ik doen met ons bed? Wassen natuurlijk, maar dan?

Opmaken zoals vanouds? 'Zijn' ongebruikt bed als een soort 'aflegplek' gaan gebruiken? Als een verzameling van boeken, tijdschriften en rommeltjes?

Of zou ik alles laten zoals het was, een schoon, zij het leeg bed naast mijn eigen? Ik zou ook 'op zijn plek' kunnen gaan liggen? Maar wat dan te doen met mijn eigen plek?

Triviale, pijnlijke dingen vond ik het, die je frapperen op een alledaags en onverwachts moment, zomaar wanneer je je bed wilt verschonen.

Ik heb uiteindelijk een keuze gemaakt die voor dat moment voor mij goed was. Ik bedacht me daarbij dat ik het altijd weer kon veranderen, niets is voor eeuwig – dat had ik de afgelopen tijd wel gemerkt.

In lijn met de verschoon- en opruimroutine liep ik ook tegen zijn kleren aan.

Ik had rondslingerende kleding bijeengeharkt. Maar dan, wat doe je met zijn kleren? Sommigen pakken het direct aan, hoorde ik. Gooien alles wat er in zijn kast hangt bijeen en brengen het naar familie, een inzamelingspunt, een goed doel of naar de vuilnisbak. Hup weg. Voor mij was 'weg is weg' iets te rigoureus. Ik ging een tikkie voorzichtiger te werk en vroeg aan de kinderen of zij iets wilden hebben? Die muts, dat jack?

Of zou ik het zelf fijn vinden dat oude shirt van hem 's avonds aan te trekken als ik alleen op de bank kroop?

Uiteindelijk heb ik een schifting gemaakt en heb de kleren waarvan ik dacht dat ze weg konden, apart gehangen. Na een tijd bleek dat ik de gang naar de kledinginzameling aan kon en is het merendeel weggegaan. Ik liet een paar lekkere warme truien in de kast hangen zodat ik die af en toe eens om me heen kon trekken en het nog net leek of hij er nog was.

Ik heb er een paar jaar over gedaan alles op te ruimen. Stap voor stap verdwenen er broeken, jassen, overhemden.

Je kunt er een dag of lange tijd over doen om de kleren op te ruimen. Je kunt het stapje voor stapje doen. Misschien vind je het fijn zijn pakken nog een poosje in de klerenkast te zien hangen, te kunnen snuiven aan zijn truien omdat het dan heel even net is of hij er nog is.

De boodschap? Denk er goed over na en doe wat je goed dunkt.

Naast zijn kleren waren er talloze andere spullen, waar ik wat mee moest. Ik leerde dat ik vooral niet op een momenten dat ik heel bedroefd, boos of ontheemd was, moest beslissen om het in de vuilnisbak te gooien. In het begin heb ik als een zwerver staan graaien in onze container om iets dat ik er met een ferme zwaai in had gegooid, er weer uit te halen omdat ik spijt kreeg. Ik wilde zijn leven niet in één klap uitwissen.

Dierbare items zoals een verzameling pijpen die hij zo graag rookte, liet ik onaangetast naast zijn stoel hangen. Zijn laatste boek heb ik lang op zijn nachtkastje laten liggen. Ondanks het commentaar dat ik van andere mensen kreeg die meenden dat zijn zichtbaar leven weggevaagd moest worden, die vonden dat ik spullen die hij gebruikte op moest bergen omdat het zo pijnlijk (voor hen?) was ermee geconfronteerd te worden.

Ik besefte dat ik degene was die zou beslissen. Op een verstandige manier, zonder steeds weer tussen het vuilnis te moeten graaien.

En zo waren er meer dingen. Tijdschriften, post, abonnementen van sportclubs en andere organisaties. Er ging geen dag voorbij of ik moest beslissingen nemen wat te doen, soms grote, soms kleine. Alles stond nog in het teken van geregel.

Bezig blijven is een troost, een afleiding.

Maar er kwam een moment dat het stopte. Dat mijn to-dolijstje grotendeels was afgevinkt. Dat ik terug moest naar mijzelf, naar mijn eigen leven. Ik moest onder ogen zien dat ik niet langer 24 uur per dag met de dood van mijn lief bezig kon zijn, maar dat de tijd aan mijzelf begon te trekken.

Dat ik van lieverlee het geregel achter me moest laten en dat ik werd gedwongen naar mijn eigen, nieuwe toekomst te kijken.

Nieuwe status

Mijn nieuwe status, die van kersverse weduwe drong zich aan me op.

Dat was zeker niet iets om de vlag voor uit te hangen, deze ongewenste positie waarin ik me nu bevond. Maar het was wel de realiteit.

Ik had me tijdens het ziekteproces een idee gevormd hoe het zou zijn, later, als hij er niet meer zou zijn.

Ik had gedacht dat ik overweldigd zou worden door één groot verdriet.

Ik had gedacht dat ik één grote leegte zou ervaren.

Ik had gedacht dat ik vrij snel moedig voorwaarts zou gaan.

Ik had gedacht dat ik een gevoel van opluchting zou ervaren dat het lijden van mijn man voorbij zou zijn.

Wat bleek? Dat verschillende stemmingen elkaar in rap tempo afwisselden. Er viel geen peil op te trekken. De ene dag voelde ik me zus, de andere dag zo.

Wat me wel duidelijk werd, is dat ik een ander leven moest gaan beginnen, zonder mijn lief.

Maar hoe zou ik dat leiden? Zou ik lijden? Waar moest ik beginnen?

Het beste advies dat ik mezelf gaf, was ook hier weer: bij het begin. Mijn huis, mijn dagen, ik moest alles weer van mij maken.

Ik probeerde te doen wat ik vroeger deed, 'voordat'... 'Gewoon' wassen, strijken, opruimen, post ordenen, oude bloemen weggooien, grasmaaien, rekeningen betalen, met de honden naar de dierenarts, afspraken maken. Je oude tante bellen. Die normale dingen weer oppakken.

En juist die normale dingen waren behoorlijk pittig.

Ik ging 'naar buiten' en zag dat, terwijl mijn wereld stevig op zijn kop stond, de buitenwereld gewoon doordraaide. De trams reden, de treinen ook meestal, er werden kinderen geboren, de politiek beloofde van alles waar niets van terecht kwam, de winkels prezen hun, voor jou nu zo ontzettend onbelangrijke waar aan.

Ik stond erbij en keek ernaar. Verdwaasd over zo'n groot gat tussen mijn realiteit en de omgeving. Ik moest balancerend een evenwicht zien te ontdekken waarbinnen mijn eerste stappen gezet konden worden.

Ik kwam in die buitenwereld bekenden tegen. Zij condoleerden me, pakten me woordeloos vast en gaven me een troostende zoen of omhelzing. Of, wat ook voorkwam: ze vermeden me omdat het voor hen te moeilijk was me te zien. Ze schoten in de supermarkt een ander gangpad in, sjeesden naar de verste kassa om mij maar niet te hoeven spreken.

Hoe het ook zij, ik moest het dagelijks leven weer in, aan het werk, mijn andere bezigheden oppakken. Ik merkte daarbij dat wat ik altijd had gedaan, bijna moeiteloos, zonder erbij na te denken, me nu bergen energie kostte. Die ik niet had. Want ik was bekaf.

Weduwe, de eerste weken

Met een zwaar gemoed doorgaan. Overleven. Beetje leven.

Regelen:
* Bedankjes ontwerpen en adressen schrijven.
* Graf verzorgen: voorlopig alleen de bloemen die erop liggen
* Plek voor as uitstrooien bedenken met eventueel een kleine ceremonie, of as ergens bijzetten.
* Contact opnemen met de notaris voor afwikkeling erfenis.
* Eigen testament en eventueel levenstestament onder de loep nemen.
* Spullen die buiten de formele erfenis vallen (als die er zijn), uitdelen.
* Zijn trouwring: wat ermee te doen?
* Zijn telefoon: wat ermee te doen?
* Zijn bed: wat ermee te doen?
* Zijn kleding: wat ermee te doen?
* Zijn andere spullen in huis: wat ermee te doen?
* Zijn abonnementen: opzeggen?
* Postadressering aan laten passen.

Je eerste dagen alleen ervaren, als al het geregel een beetje klaar is.
Stapje voor stapje naar buiten gaan.
Balans tussen binnen en buiten zoeken.

---

7. Weduwe: de eerste maanden

Ik was nu een paar weken alleen en nadat de direct noodzakelijke dingen rond het overlijden geregeld waren, rolde ik als vanzelf de volgende periode in.

Ik poogde mijn leven vorm te geven, ik verwonderde me over alles dat me was overkomen, ik ervoer een alomvattende moeheid, een leegte in mijn bestaan die me op mijn grondvesten deed trillen. Soms brak er totale paniek uit als er een tikje van het grote besef van de dood en het daarmee gepaard gaande verdriet binnenkwam.

Rouw is rauw als je veel van je man hebt gehouden, merkte ik. Het is hard en pijnlijk. Soms gevoelloos, verlammend, dan weer vol emotie. Uiteindelijk is het rouwen een gigantisch eenzaam en verdrietig proces. Waar je je alleen doorheen moet slaan, hoeveel lieve mensen er ook naast je staan, je willen troosten, je willen afleiden.

Afleiding is een prachtig middel om even niet te hoeven denken aan het gemis.

Maar met afleiding alleen redde ik het niet. Ik moest aandacht hebben voor de pijn, het ervaren, het me laten vastgrijpen om later de kans te hebben me er een tikkie aan te ontworstelen. Te veel afleiding betekende, voor mij in elk geval, dat dit proces werd verstoord. Dus ik beloofde mezelf dat ik eraan zou geloven. Ik zou niet van mijn emoties weglopen, ik zou met opgeheven hoofd kijken wat zij voor mij in petto hadden. Ik zag het als een avontuur, een totaal nieuwe ervaring, zoveel verschillende gevoelens, zoveel verschillende ervaringen beleven: wat doet dat met een mens?

De stoïcijnen

Ik begon te lezen. Onder andere over de stoïcijnen. Een praktische filosofie die, ondanks het feit dat die is ontstaan rond het jaar 300 v Chr., nog steeds toepasbaar is. Het gaat in die gedachtegang, ruwweg geschetst, om het verschil tussen wat er gebeurt, wat de feiten zijn, waar je geen invloed op hebt en het gevoel, je reactie daarop, waar je wel invloed op hebt.

Voor mij was een feit dat mijn lief was heengegaan. Mijn reactie daarop zou ik kunnen 'kiezen'. Ik zou door de dood van mijn man totaal van de kaart, in complete lethargie of depressie kunnen geraken. Ik zou dat over mij hebben kunnen laten komen, lijdzaam, alsof ik daar geen invloed op had.

Maar ik zou ook de stoïcijnen in stelling kunnen brengen en kritisch kijken naar mijn eigen gedrag. Ik zou ervoor kunnen kiezen ook andere gevoelens dan totale ontluistering toe te laten. Heel voorzichtig, stapje voor stapje ben ik gaan oefenen. Eerst van een afstandje, alsof ik in de spiegel naar mezelf keek: ik zag een vermoeid, uitgeblust koppie. Dan trok ik een grimas, probeerde een glimlach tevoorschijn te toveren. Ik deed mezelf voor als een dame die op het punt stond iets moois te beleven. Even een heel klein beetje, heel even maar, een beetje blijer te zijn.

En zie wat een verschil? Ik zag mezelf vriendelijk kijken, ik zag een vrouw die ondanks het verdrietig gegeven, probeerde door te gaan, op te krabbelen en te doen wat in haar vermogen lag om er op dat ogenblik iets van te maken. Al was het maar voor een vluchtig glimlachmoment. Door ervoor te kiezen een vrolijk gezicht op te zetten, werd ik iets blijer en voor een kort ogenblik verkoos ik het verdriet even te laten voor wat het was. En daarmee was een eerste stap gezet.

Natuurlijk ging ook dit, zoals mijn hele leven in die fase, met vallen en opstaan. Het was allemaal makkelijker gezegd dan gedaan. Het is niet zo dat je tegen jezelf kunt zeggen dat de dood nu eenmaal is ingetreden, dat je dat maar hebt te accepteren, dat je daar geen invloed meer op hebt en dat je hup, verder moet. Dat dàt jouw keuze wordt: voortgaan in de vaart der volkeren.

Dat gaat je niet in één keer lukken, mij in ieder geval niet, dat bleek.

Maar dat hoefde ook niet. Ik wilde niet te streng zijn voor mezelf. Ik wilde mijn verdriet ook niet miskennen door er zo 'makkelijk' overheen te stappen.

Maar ik vond het inzicht dat je een keuze hebt in je gedrag, wel troostend. Ik werd me veel meer dan voorheen bewust van het idee dat als het niet uitkwam om die verlammende pijn te voelen, ik mijn emotie af en toe terzijde kon leggen: 'Nu even niet alsjeblieft. Later kom jij aan de beurt, maar laat me nu even doen wat ik echt moet doen.'

Mijn verdriet werd als het ware mijn nieuwe partner waarmee ik een afstandelijk latrelatie aan wilde gaan. Af en toe is het oké, maar vooral niet 24 uur per dag, 7 dagen in de week. Veel te vermoeiend en niet constructief.

Het was een intensief leer- en ervaringsproces. Ik ontkoppelde het onomkeerbare feit van de dood en van mijn reactie daarop. Al ging het regelmatig niet zoals ik wilde, ik merkte wel dat het herkennen van dit proces mij hielp.

Daarbij leerde ik ook nog iets anders over emoties. Het is zoiets ongrijpbaars. Ik besefte dat je ze hèbt, maar dat je ze niet bènt. En het fijne daarvan is: wat je hèbt, kunt je ook nìet hebben. Kun je van je afgooien. Hoppa! Weg ermee!

Ik oefende dagelijks. Probeerde me niet door mijn verdriet klein te laten krijgen; ik torste het mee, maar legde het ook af en toe af. Ik accepteerde de pijn, het omgaf me als een tweede huid, een tweede ik, bijna gewoon, te dragen omdat het er was, iets om mee te leven.

Maar wel te leven.

Ik zocht zo nu en dan de stilte op. Ik reserveerde daar tijd voor, trok me af en toe terug. Ik beleefde, ik doorleefde het verdriet. Ik maakte lange wandelingen met mijn honden, ging naar bossen waar ik niemand kende, weg van het bestaande honden-wandel-circuit, om echt alleen met mijn gedachten te kunnen zijn. Wanneer ik dan een traan wilde laten, was er niemand die van mijn achtergrond wist, die me eruit zou halen en me met troostende woorden zou afleiden.

Zo zat ik op een dag op een boomstam, in een van droogte krakend bos, te peinzen en te herinneren. Ik zag mijn lief en mij in vroeger tijden, ik voelde het gemiste geluk mijn hart doorklieven. Tranen begeleidden de droefenis, zo stil als het bos was, zo stil liepen ze in kleine druppeltjes over mijn wangen.

Ik was volstrekt in mezelf opgesloten en had niet gemerkt dat er een klein meisje met haar moeder aan was komen lopen. Het meisje kwam voor me staan. Nieuwsgierig denk ik naar die vreemde mevrouw die daar als een verdwaalde waternimf zat te huilen. Ze keek. Ze draaide zich om en begon met een stokje in de knisperende bladeren te waaieren. Ze raapte iets op, ze kwam naar me toe. Haar kleine handje pakte de mijne. Ze stopte er iets in en sloot daarna mijn vingers eromheen.

"Voor jou," sprak ze slechts.

Ze keerde zich naar haar moeder, pakte haar hand en liep zo mijn wereld uit. Even dacht ik dat ik het had gedroomd. Mijn honden waren niet aangeslagen, ze waren niet eens komen kijken, ze hadden geen kik gegeven. Was er werkelijk een meisje geweest of was ik aan het doordraaien daar in dat vreemde bos?

Ik keek moeder en dochter na, in het licht weggevaagd, opgenomen in het groen van de volop nazomerse tijden.

Ik opende mijn hand. Ik zag een vol, rond, glanzend bruin, warm beukennootje.

Een simpel, klein gebaar.

Aangereikt door een klein, groots meisje.

Het verdriet, de emotie kwam niet altijd naar boven op momenten die ik verkoos. Soms lukte dat niet, bleef het ergens haken, bleef het als een meelbal ergens in mijn hart plakken. Dan pakte ik de tip van mijn grote broer op die eerder een fors verlies leed: zet een heel droevige film op. De charmante hoofdpersoon, of dat nou een hond, een paard of een blonde Viking is: de held dient als aanjager van jouw verstopte emoties. Wanneer hij nare dingen meemaakt, komt al jouw ellende er heus wel uit. Huil, gier, schreeuw het maar uit, stomp je kussen tot gort, zink neer op de vloer. Weg met dat opgekropte verdriet.

Prettig? Nee, geenszins.

Nuttig? Zeker.

Uitputtend? Absoluut.

Nog voordat de film afgelopen was – ik keek maar niet naar het happy end, dat kon ik niet aan –, was ik bekaf van alle, uiteindelijk naar boven gekomen emoties.

Ik nam een kruik, ging in bed liggen en verdween in de nacht.

Het moment van nooit

Ik deed, in deze eerste maanden, weer een beetje mee in de wereld om me heen. Ik ging naar buiten, vertelde mensen die ik tegenkwam dat mijn man was gestorven. Ik hoorde het mezelf zeggen. Maar de werkelijke betekenis ervan, het echte besef was er nog niet, dat kwam in stukjes, beetje bij beetje. Ik dankte mijn hersenen dat het zo werkt. Dat de echte klap niet in een keer binnenkwam.

Dat zou te heftig zijn.

In feite leefde ik die tijden in een roes van schijnweten. Ik dacht me te realiseren dat mijn lief dood was. Ik dacht de betekenis ervan te doorgronden. Maar zover was ik bij lange na nog niet.

Bij bepaalde geluiden in huis veerde ik op, denkend dat hij thuiskwam, dat ik de sleutel in het slot hoorde. Of dat ik hem de trap op hoorde lopen.

"Daar is hij!" zei iets in me. "Zie je wel..."

Tegelijkertijd besefte ik dat die geluiden, dat die hoopvolle gedachten me voor de gek hielden, een illusie vormden. Langzaam begon er werkelijk iets van zijn sterven door te dringen. Het verdrong de geluiden die ik aan hem relateerde. Ik verloor zijn geur, ik wist niet meer hoe zijn stem klonk, ik voelde zijn handen niet meer.

Heel geleidelijk raakte ik hem kwijt.

Langzaam ging hij verloren.

Hij verdween zachtjes naar mijn herinnering, naar een achtergrond, naar een ander hoofdstuk van mijn leven.

En toen kwam het.

Volstrekt onverwacht. Tijdens een avondconcert op de radio. Het verstikkende ogenblik, het o, zo pijnlijke moment toen tijdens een uitvoering van een prachtig muziekstuk, ons stuk, mijn zijn doorsneedt. Toen voelde ik voor het eerst, begreep ik voor het eerst in volle omvang dat hij dood was. Toen snapte ik werkelijk wat het woord 'nooit' betekende. Hij komt nooit meer terug. Hij pakt nooit meer je hand. Hij staat nooit meer naast je. Hij kijkt je nooit meer aan.

Hij stierf die avond wederom. Realistischer en pijnlijker dan ooit.

Dit keiharde, blikseminslagachtige nieuwe inzicht van mijn realiteit ging gepaard met een gevoel van totale leegheid; een staat van willen oplossen, geen pijn meer willen voelen, het verleden in willen duiken, ver weg van het zo confronterende heden.

En dit alles maanden na het feitelijk overlijden. Juist wanneer de meeste mensen rondom mij dachten dat ik het wel redde, zij me wat meer losifeten en terugkeerden naar hun eigen levens. Omdat ze dachten te zien dat ik weer een beetje opkrabbelde.

Maar de innerlijke vlam van verdriet werd feller dan ooit aangewakkerd door het begrip van het woord nooit. Van het besef van de uitzichtloosheid van het bestaan zonder hem. Wat verlangde ik naar troost van het verleden. Wat voelde ik me ongelooflijk alleen, verloren, bekaf en ook door mijzelf, onbegrepen.

En onder die condities stond mij maar één ding te doen: doorgaan. Ik maakte de keuze om door te leven. Me er niet onder te laten krijgen. Dan zou ik leven verspillen dat, wist ik nu, zo kostbaar, zo ongelooflijk kwetsbaar is. Daarmee deed ik de herinnering geen recht, minachtte ik de toekomst die als een wachtend pad voor me lag.

Achteraf gezien was het misschien nog wel moeilijker dan de begeleiding van mijn man gedurende het ziekteproces, om na het besef van 'nooit', door te gaan. Tijdens zijn ziekte waren we tenminste samen. Nu moest ik de weg alleen lopen. Een weg nog van een heel leven. Of tenminste een kwart.

Blijven ademhalen en alles stap voor stap doen werd mijn devies.

De nieuwe ik uitvinden

Ik moest weer grip op mijn eigen leven krijgen.

Maar hoe? In hemelsnaam: hoe? Ik kon niet meer overleggen met mijn man. Ik was mijn eigen raadgever. Mijn eigen initiator. Ik moest mezelf opnieuw ontdekken. Ik was niet meer wie ik vroeger was. Ik was een niet geringe ervaring rijker en dat verandert een mens.

Ik was niet langer deel van een eenheid, niet meer deel van twee die zich hebben laten versmelten tot één. Ik was minder dan de helft geworden van ons tweeën.

Ik zou mezelf opnieuw moeten neerzetten, opnieuw moeten uitvinden. Weer heel worden.

Maar hoe doe je dat? Alomvattende vragen doemden op.

Wie was ik eigenlijk? Wat wilde ik? Ik bedacht me dat ik afstand tot mezelf nodig had om het antwoord te vinden. Ik zou mezelf moeten gaan 'beschouwen'. Distantie maakt dat je objectiever staat tegenover alles dat je ervaart. Het voorkomt dat je wordt meegesleurd in de warboel die emoties veroorzaken. Afstand zorgt ervoor, hoe tegenstrijdig dat ook klinkt, dat je 'erbij' bent. Zodat je bewuster kiest voor de dingen die je doet, die goed voor je zijn.

Ik zette me dus als het ware tegenover me in een stoel en ging met mezelf in gesprek. Ik stelde een aantal relevante vragen waarvan de antwoorden me op de korte termijn wat houvast zouden geven. Niemand luisterde mee dus ik kon volstrekt eerlijk zijn, dat was dan wel weer prettig. Ik kwam erachter waarom ik de dingen deed die ik deed, wat ik anders zou willen en probeerde met die antwoorden voorzichtig een nieuwe koers voor de nabije toekomst uit te zetten. Ik schreef alles op zodat ik erop terug kon vallen ingeval ik vast zou lopen.

Ik maakte onder meer een lijst van films die ik graag wilde zien. Van onderwerpen waar ik meer over wilde weten. Ik vroeg mezelf of ik een cursus kleding ontwerpen wilde gaan doen. Of ik, als oude dame nog op ballet zou kunnen gaan. Ik kwam daarbij overigens tot de conclusie dat ik mijn belangstelling beter vanuit een passieve rol zou kunnen exploiteren, dan dat ik hupsend in een zaal zou gaan staan. Zou ik gaan motorrijden? Een proefles zou geen kwaad kunnen? Zou nu de tijd rijp zijn een nieuw stuk werk te gaan ontwikkelen? Een nieuwe loot aan mijn bestaand werk toe te voegen?

Ik dacht en schreef. Ideeën kwamen en ideeën gingen. Maar ik kreeg weer enige grip op mijn leven.

Tot het fout ging.

Juist toen ik het gevoel had dat ik weer een beetje op de rails stond, dat ik de boel weer een beetje onder controle had, juist toen ik dacht dat ik in staat was mijn leven voorzichtig te leiden, kwam het.

Zomaar, out of the blue, werd ik overvallen door een intens gevoel van verdriet.

Ik was aan het koken, maakte een lekkere soep. Ik brandde me, zoals ik zo vaak deed, aan het fornuis. Ik pakte de tube brandzalf die ik altijd onder handbereik heb en juist op dat moment klonk mijn mans favoriete prelude van Chopin op de radio. De pijn van het vuur had mij al tranen in de ogen gegeven, maar de combinatie met de prachtige pianomuziek deed me ineenstorten.

Het verlies, de hele geschiedenis ramde zich keihard een weg naar binnen. Het viel bovenop me, verpulverde me. Het zette me stappen terug, liet me opnieuw verdwijnen in de geleden jaren.

Rouw is venijnig. Het is er, altijd. Het raakt weliswaar bedekt onder het laagje van dagelijkse beslommeringen, onder de leuke dingen die je weer voorzichtig onderneemt, maar rouw laat zich niet wegzetten. Nooit. Het steekt onverwacht de kop op, vurig en meedogenloos. Het doet je beseffen dat je de herinnering niet uit mag en niet uit kan wissen.

Die eerste keer zal ik niet licht vergeten. Ik werd erdoor overrompeld, ik struikelde en viel in de diepte van de tijd. Maar wat bleek: ook daaraan wende ik.

Ik leerde leven met de zekerheid dat ik onzeker was, niet over de vraag òf de rouw, maar wanneer de rouw me weer zou vinden.

Wat ik niet wist, is dat dit nog jaren en jaren zou gaan duren.

Lijf en leden

En in al deze beroerde tijden, waarin ik langzaam probeerde door te gaan, mijn leven op te bouwen en beslissingen te nemen, voelde ik een discrepantie tussen lichaam en geest.

Ik was aan het denken over wie ik was geworden en wat ik wilde, maar naast de geest, naast het verstand, sprak mijn lichaam geheel op eigen houtje zijn eigen taal. Het gaf signalen, informatie waar ik wat mee moest. Moeheid, pijn in mijn buik, in mijn rug, een neiging om te weinig te eten.

Lichaam en geest zaten duidelijk niet op één lijn. Soms wilde de geest wel, maar protesteerde het lijf.

Ik voelde dat het tijd werd om te luisteren. Niet alleen in rationele zin, maar ook naar wat het fysieke mij helder maakte. Ik pakte de draad van mijn yogalessen weer op, ging pianospelen om me te concentreren op wat de grote meesters hadden opgeschreven en wat ik door hard oefenen en veel ploeteren ooit misschien tot iets acceptabels kon laten verworden.

Het is, zo vond ik, al met al waarlijk een hele klus om die eerste maanden van het weduwschap door te komen. Ik wilde wel, ik probeerde ook echt stappen richting toekomst te zetten. Oefende in het kiezen van mijn gevoel. Maar het verloren zijn, al werd ik omringd door dierbare mensen, het gevoel van niet meer verder kunnen, van het idee een nutteloos bestaan te leiden zo in je eentje, de bijna fysieke pijn alsof je ribben tegen elkaar kletteren, bleef bij tijd en wijle bestaan als een jas die ik niet uit kon doen. En toch de boel maar weer bijeenrapen en doorgaan. Stapje voor stapje. Het moet. En het mooie van dit alles? Het bleek te kunnen.

Ik heb ervaren dat er do's, en don'ts in het weduwschap zijn die kunnen helpen bij volgende stappen die je zult gaan zetten.

Ik heb alles op een rijtje gezet om jou een beetje in dit proces helpen. Onder het mom van: een slimme meid is op haar toekomst voorbereid. Het zal je, hoop ik, een handreiking geven voor de tijd die je in het verschiet hebt. Want die tijd dringt zich aan je op, of je nou wilt of niet.

Weduwe: de eerste maanden

Afleiding: met mate.

'Omarm' het verdriet.

De stoïcijnen: filosofie van het kiezen van je reactie op de feiten: iets voor jou?

Neem momenten voor stilte.

Het moment van 'nooit' komt; daarmee een steeds groter wordend besef dat je lief dood is.

Je eigen ik weer opnieuw uitvinden.

Afstand nemen om vragen aan jezelf te stellen; antwoorden opschrijven:

* Waarom doe je dingen die je doet?
* Moet dat?
* Waarom?
* Van wie?
* Kun je ze als je je er niet prettig bij voelt, ook later doen?
* Of helemaal niet?

* Merk je dat je heftig reageert op sommige situaties?
* Welke?
* Waarom?

* Ben je boos?
* Op wie?
* Waarom?

* Met wie zou je tijd willen doorbrengen?
* Wie geeft je energie en wie trekt het laatste (o zo kostbare) beetje bij je weg?

Niet verbaasd zijn als je wordt overrompeld door rouw.

Lichaam en geest aan elkaar koppelen.

8. Weduwe in het eerste jaar: de do's

Daar zit je dan, in de eerste maanden nadat je weduwe bent geworden.

Ik heb een aantal tips:

Maak een bondgenoot van de tijd

De tegeltjeswijsheid dat tijd àlle wonden heelt, is wat overdreven, eigenlijk gewoon niet waar, maar tijd zal je wel degelijk helpen om niet steeds in de diepste put van pijn te belanden. Je zult merken dat je gaande je route in staat bent om er voorzichtig wat omheen te lopen zodat je niet elke keer in het peilloze van het verdriet valt. En dat is troostrijk.

Zorg goed voor jezelf, heb geduld en neem jezelf serieus.

Heel belangrijk: vaar je eigen koers. In je eigen tempo, met je eigen tijd aan je zijde.

Heb vertrouwen dat het uiteindelijk wel weer wat goed komt, al is dat in de fase waarin je zit een ongelooflijk moeilijke opgave.

Praat met andere weduwen

Laat je niet teveel leiden door wat andere mensen zeggen over wat je wel en niet moet doen. Het zijn vaak mensen die geen ervaring hebben met verlies. En hoe goed bedoeld hun adviezen ook zijn, ze hebben eigenlijk geen idee hoe iemand na zo'n dreun zijn leven weer op de rit kan zetten. Dat is hen ook niet aan te rekenen, maar het is doodeenvoudig (een wat bizarre uitdrukking in dit verband) niet goed voor te stellen wat jij doormaakt aan figuurlijke en soms letterlijke kilte en kou.

Beter misschien om met andere weduwen te praten. Het kan een 'feest' der herkenning zijn, jullie hebben een soortgelijke ervaring, je kunt elkaar advies geven of samen lachen om gekke gebeurtenissen.

Het zal je bovendien doen inzien dat je niet de enige bent die verlies lijdt. En werkelijk, gedeelde smart is halve smart. Dat was zelfs voor Simone de Beauvoir reden om een boek te schrijven met minutieuze details over haar verlies van een dierbare.

Maar pas op, wanneer een gesprek met een collega-weduwe één grote klaagzang wordt, gaat het je niet helpen: wegwezen!

Lees

Lees boeken over rouwverwerking. Of over andere ideeën die je kunnen helpen, zoals boeken over emoties in het algemeen, of boeken over praktisch toepasbare filosofie.

Er zijn wijze (maar ook minder wijze, dus blijf kritisch!) mensen die je inzichten geven waar je wat aan kan hebben. Of je er wat mee doet of niet, het zal je in elk geval een gevoel geven dat je niet helemaal uniek bent in de wereld van de rouw, dat het logisch is dat je verwarrende gevoelens hebt, dat je niet alleen staat; dat er meer mensen een groot verdriet hebben doorgemaakt èn dat zij er levend uit zijn gekomen.

Sissende spin

Mensen in je directe omgeving zullen hopelijk proberen aardig voor je te zijn. Je vragen hoe het met je gaat. Dat is normaal en plezierig, maar er bestaat een kans dat jij in deze periode anders reageert dan voorheen. Hoewel je alweer wat 'normaal' oogt, er niet meer zo moe en akelig uitziet, ben je nog lang de oude niet. Wanneer mensen je met hun passende, dalende stem de voor de hand liggende vraag stellen hoe je je voelt, of je het redt, is het goed mogelijk dat je kortaf en bitser antwoordt. Doodeenvoudig omdat zo'n simpele vraag zo veelomvattend is, zoveel tegenstrijdige antwoorden in zich heeft, dat een echt waarachtige reactie niet mogelijk is. Om niet in alle details te geraken, antwoord je waarschijnlijk iets triviaals als: 'het gaat wel' of 'naar omstandigheden goed'. Waarmee de andere kant zich geen raad weet en onhandig op hun voeten gaan wiebelen, een hand op je schouder leggen, of erger: 'ik snap het' zeggen. Vervolgens zullen ze overgaan naar hùn orde van de dag en jou hun eigen verhalen vertellen. Die jou op dat moment totaal niet interesseren. Wat kan het jou nou schelen dat de overbuurvrouw zo'n mooie reis heeft gemaakt, de kleinkinderen zo'n goed rapport op school halen, de broer van je vriendin is getrouwd? Wat doet het ertoe, nu je zelf midden in zo'n rottijd zit? Los van je desinteresse kan je bij al die positieve berichten van anderen een gevoel van jaloezie treffen. Zij leiden een normaal leven, zij wel! En hoewel je waarschijnlijk wel weet dat jaloezie een alom vernietigende en negatieve emotie is die je niet wilt hebben, komt dit bovenop de stapel van andere emoties waar je mee worstelt. Die maken dat je nou niet direct op de meest gunstige manier reageert op de vriendelijkheid van anderen.

Mogelijk klim je, verward door de veelheid aan gevoelens, op de kast. En is de sneer eruit voor je het weet. Of je reageert narrig op grapjes waar je normaal een geestig weerwoord op had. Wellicht reageer je onaardig op een invitatie die je normaliter met beide handen zou hebben aanvaard. Staat het huilen je nader dan het lachten als iemand je aanspreekt op iets waar je voorheen je schouders over zou hebben opgehaald.

Als je niet uitkijkt, heb je voor je het weet met iedereen in je omgeving ruzie. Ben je een sissende spin in deze tijd. Waardoor de mensen rondom je ook niet meer weten hoe ze jou moeten benaderen en je daardoor in je sop laten gaarkoken. En dat is niet goed voor je!

Accepteer dus de vriendelijke pogingen van je omgeving om interesse in je te tonen en je bij de wereld te betrekken, maar neem je voorzorgsmaatregelen. Geef aan wat prettig voor je is. Zeg het eerlijk tegen je vrienden als je je zwak voelt en dat je weinig kan hebben. Vraag hen geen grapjes te maken omdat je tranen hoog zitten. Benoem je kwetsbare positie, voorkom dat je in kwaaiigheid iets roept waar je later spijt van krijgt. Geef aan dat je niet te lang kunt praten, hoor kort de verhalen van de andere kant aan, zeg dat je weg moet en ga op een holletje terug naar je eigen cocon tot je weer een nieuwe portie buitenwereld aankan.

Jaag je vrienden niet weg, voorkom dat je allener dan alleen komt te staan!

Aanraken

Je hebt geen man meer. En, een enkele weduwe uitgezonderd, waarschijnlijk ook niet direct een minnaar. Je wordt niet meer aangeraakt. Je wordt niet meer gekoesterd en je kunt zelf niemand koesteren. Het is heel vreemd niemand meer aan te raken en zelf niet meer aangeraakt te worden. Het huid-op-huidcontact is weg. En dat schijnt belangrijk te zijn voor een mens. Je zou een gigolo kunnen inhuren, maar voor de meesten doet dat idee alleen al het schaamrood op de kaken ontstaan. Misschien veiliger om af en toe een ontspannende massage te boeken. Je ontspant, je pijnpunten worden aangepakt en je wordt aangeraakt. Drie effecten voor de prijs van één!

Schrijf

Pak pen en papier als dat helpt. Ook al ben je dyslectisch, ook al hou je niet van schrijven. Benoem hoe je je voelt, hoe boos je bent op je man dat hij je heeft verlaten, hoe kwaad je bent op de wereld dat je zo in de steek bent gelaten. Of hoe een oude kennis blijft doormekkeren over klein ongemak. En hoe ondankbaar je de mensen vindt die de balen hebben van hun partner, maar geen enkele stap nemen om ervan af te komen, waardoor het uiteindelijk niet zo beroerd zal zijn. Schrijf op hoe alleen je je voelt, dat je niets meer voelt, dat je zo leeg bent als een ijskast in tijden van een vakantie.

Maar: schrijf niet alleen over je ellende. Noteer ook de momenten dat je ineens een heel klein beetje blij was. Of ontroerd door iets dat je zag of hoorde. Probeer, desnoods geforceerd, elke dag een goed moment te beschrijven. Door deze te benoemen blijven ze bestaan, rijpen ze en zul je ze steeds meer zien.

Blijf optimistisch en (een beetje) vrolijk

Het zal niet meevallen, maar als je het kunt opbrengen (denk aan de stoïcijnen!): probeer een beetje vrolijk en opgewekt te zijn wanneer je naar buiten gaat, wanneer je vrienden en familie ziet. Het zal voor hen gemakkelijker zijn je te steunen wanneer je niet de hele tijd diep triest bent. Als je steeds zit te sikkeneuren en je je in je eigen verdriet wentelt, gaan mensen zich van je afwenden.

Overdrijf niet maar speel een beetje toneel; doe optimistisch en positief over de toekomst. Het werkt niet alleen voor de buitenwereld. Het werkt ook voor jezelf. Hoe vaker je positieve berichten verwoordt, hoe meer je er zelf in gaat geloven.

Accepteer wat gebeurt

Het woord overkomen kwam misschien vroeger in je vocabulaire amper voor. Het leven was immers maakbaar? We hebben alles onder controle, we geven vorm aan onze eigen levensstijl. En dan ineens, ook al hebben jullie gezond en verstandig geleefd, komt ellende op het pad. Onverwacht rolt een ernstige ziekte jullie bestaan in, met de dood van je lief als gevolg. Het overkwam je. Je was out of control. Dat komt hard aan!

Er tegen vechten helpt niet en vraagt veel energie. Beter om te accepteren dat het leven zich ontwikkelt zoals het zich ontwikkelt. Maar weet dat je bij kunt sturen zo hier en daar. Je hebt keuzes. Altijd.

Je kunt proberen af en toe positief te zijn. Hoewel dat in deze eerste maanden, vlak na het overlijden hard werken is. Verdriet en pijnlijke herinneringen striemen je volstrekt onverwacht, als een zwiepende regen in het gezicht. De man die net de trein instapt, lijkt erg veel op je partner. De tune uit zo'n vreselijk belmenu, terwijl je in de wacht staat om geholpen te worden bij je klachten over het niet werken van je internet, is de melodie waar jouw partner zo gek op was. Je ruikt in de winkel zijn aftershave. Je ziet iemand lopen in dezelfde jas als je partner had.

Knok maar niet tegen het gevoel dat je in zo'n situatie overvalt, het heeft geen enkele zin. Kijk ernaar, herken het en weet dat het erbij hoort en: ook weer overgaat.

Bekijk ook deze ervaringen van de zonnige kant. Het goede ervan is dat je man op deze manier toch nog deel blijft uitmaken van je leven en hij niet geheel verdwijnt.

Wel nuttig als je een pakje zakdoekjes in je tas hebt en je geen doorloopmascara draagt voor het geval er ineens een overmannende emotie opkomt.

Maak een 'feestje' van alleen eten

Alleen eten, het is voor velen een schrikbeeld en een bewijs hoe zielig je bent. Het ontbijt en de lunch gaat nog wel, maar ons diner moet kennelijk altijd in gezelschap worden genuttigd. En laat dat nou niet meer kunnen.

Gelukkig hebben we een groot filosoof in ons midden gehad: Johan Cruijff. Hij verwoordde het kort maar krachtig: elk nadeel heb ze voordeel.

Zo is het ook met het eten. Jij kan tijdens het eten een film kijken, de krant lezen, appen, zelfs bellen met een goede vriendin als zij het niet erg vindt dat je af en toe een hap neemt.

Je eigen geest is leidend. Voel jij jezelf sneu omdat je één aardappel kookt en één stukje komkommer voor je sla snijdt? Geheid dat je je akelig voelt wanneer je gaat eten.

Vergeet dat idee van triestigheid! Dek de tafel, leg een gestreken servet neer, zet een mooi muziekje op, doe een kaarsje aan. Doe moeite voor jezelf.

Of kruip met een dienblad vol heerlijks op de bank, doe de gordijnen dicht en de tv aan. Kijk een suffe show waarvan iedereen vindt dat je daar natuurlijk niet naar kijkt omdat dat 'niet hoort'.

Geniet van dat moment omdat het jouw moment is, een ogenblik alleen voor jou is.

Doe je boodschappen

Je moet eten, goed voor jezelf zorgen. Boodschappen doen hoort erbij. Je hebt geen grote hoeveelheden nodig. Eén visje is genoeg, één struikje broccoli voldoet.

Mogelijk koop je in het begin onbewust te veel. Of je doet dat bewust om te voorkomen dat anderen denken dat je zielig en alleen bent. Je koopt twee karbonaadjes bij de slager omdat je er niet één durft te vragen. Het gaat wel over. Als je drie dagen aan die karbo's hebt zitten knagen, koop je de volgende keer heus wel de gepaste hoeveelheid.

Beweeg

Aandacht voor jezelf is in deze periode van overleven, van nieuwe wegen vinden, cruciaal. Zorg ervoor dat je niet alleen maar met je hoofd bezig bent. Je hersens maken toch al overuren. Het lijf wil ook aandacht! Het is al eerder genoemd.

Beweeg! Ga naar buiten, wandel, sport, fiets, doe oefeningen of glibber desnoods over een modderbaan van hindernis naar hindernis. Neem yogales, doe mee met de gymnastiek via de tv. Wat ook maar bij jou past. Je kent het adagium: een gezond lichaam geeft een gezonde geest. En vice versa.

Doe je niets, dan blijf je mogelijkerwijs hangen in je hoofd, in gepieker en gesuf, in de pijntjes van de dag die je doen klagen en zeuren.

Doe je iets, ben je lekker even fysiek bezig, dan zal je je echt beter voelen en uiteindelijk stappen zetten; letterlijk richting je nieuwe toekomst.

Verzorg jezelf

Nog zoiets simpels eigenlijk: wat zie je in de spiegel wanneer je naar jezelf kijkt? Een verzorgde vrouw, of eentje die alweer die ouwe zooi van gister aanheeft, van eergister zelfs? Waar vlekken in zitten, waar gaten in vallen? Omdat het niet uitmaakt, omdat je toch nergens heen gaat, omdat er toch niemand is die ziet dat je er als een zwerver bij loopt.

Fout! Jij ziet het zelf! Elke keer dat je langs een spiegel loopt, zie je jezelf.

En wie is nu belangrijk? Juist... jijzelf.

Er mooi, er in elk geval schoon en verzorgd uitzien is een goed-koop en efficiënt medicijn om je te weren tegen al te diep in de put zitten.

Tut je op. Was je haren, haal er een föhn overheen, maak je op, lak je nagels als je gewend was dat te doen (vergeet je tenen niet), doe die mooie blouse aan of trek een kleurige trui gecombineerd met je prachtige laarzen aan. Whatever. Ga de dag in alsof je bezoek krijgt waar je moeite voor wilt doen.

Doe wat je vroeger deed, voordat deze hele trieste geschiedenis begon. Kijk dan naar jezelf.

Grote kans dat je iemand ziet die ogenschijnlijk de kracht heeft om de dag te trotseren. En dat helpt!

Het kost niets, tenzij je allemaal nieuwe dingen gaat kopen, maar waarschijnlijk biedt je eigen klerenkast genoeg aardigs om je in elk geval toonbaar te maken. Je bent de afgelopen periode zo druk geweest met de verzorging van iemand anders, dat je wellicht vergeten bent jezelf aandacht te geven. Maar nu die ander geen beroep meer op je doet, wordt het tijd dat jij weer in je eigen spotlight komt te staan.

Verzorg iets anders

Je hebt al die geleden tijden iemand onder je hoede gehad. Het was naast noodzakelijk, misschien ook troostend. En nu kan je, van de ene op de andere dag, je zorg niet meer kwijt.

Als je dat mist, kun je overwegen iets levends in huis te halen.

Koop een kat, schaf een hond aan, een goudvis misschien. Het kan enorm helpen weer iets te hebben waar je tegen kunt praten, die je kunt aaien, waar je mee bezig kunt zijn. En die je het gevoel geeft dat je iets betekent voor een levend iets.

Natuurlijk brengt het ook weer geregel met zich mee. Een weekendje weg, een vakantie: wie past er op Klaas de kat, Henry de hond, of Blub de vis?

Bedenk dat waar vragen ook oplossingen zijn. Dus het kan de moeite waard zijn te kijken of een dier je kan helpen in je lege nest. Natuurlijk alleen als je er tijd en geld voor over hebt.

Bezint eer ge begint!

Vind jezelf leuk

Jouw partner vond jou leuk. Als je geluk had, vertelde hij je dat ook met enige regelmaat. Dat is voorbij. Je wordt niet langer de hemel in geprezen, op handen gedragen. Dat moet je voortaan zelf doen.

Kijk eens in de spiegel en vertel jezelf dat je tevreden bent met wat je ziet.

Je mag best trots zijn want je doet het toch maar, zo in je eentje. Geef jezelf complimenten. Daardoor ga je je ook beter voelen.

Corrigeer jezelf

Jij en je alter ego zijn voortaan de nieuwe partners.

En dan is het wel zo fijn als je jezelf waardeert. Vind je jezelf aangenaam genoeg? Ben je van tijd tot tijd een tikkie vrolijk, onderneem je dingen? Heb je een positieve houding ten opzichte van je leven, ondanks de shit die je is overkomen?

Aan welke gedragingen maak jij je schuldig die je van een partner niet zou pikken?

Probeer objectief naar jezelf te kijken. En corrigeer jezelf als het niet deugt wat je doet. Het maakt je leven immers aangenamer als je samenleeft met een fijne ik.

Koester je herinneringen

Je bent je partner pas echt kwijt als je hem ook in je herinneringen verloren laat gaan. Er is menige smartlap, menig gedicht over geschreven. Koester de mooie gedachten over je lief die bij je opkomen en houd hem tenminste in je geest levend.

Denk aan hoe gelukkig jullie waren, hoe blij jij hem hebt gemaakt. Denk aan de mooie dingen die jullie hebben meegemaakt, aan dingen die jullie niemand ooit hebben verteld, die jullie geheim vormden. En nu alleen nog jouw geheimen zijn. Wat je dicht bij hem doet voelen. Praat met hem. Voel hem.

Maak een monumentje in je huis, ergens waar niemand het ziet, of gewoon midden in de kamer, wat je wilt. Zet een foto of leg een item neer waardoor je aan hem wordt herinnerd. Voed jezelf met fijne gedachten elke keer als je het ziet.

Schrijf hem brieven waarin je het goede terughaalt. Stop die in een mooi doosje en lees ze te zijner tijd nog eens na. Je bent beter af wanneer je hem bij je houdt dan dat je hem wegdrukt uit alle memorie.

Droom

Mijmer vlak voor het slapen gaan en haal je man terug naar jouw heden. Dat is niet zo moeilijk want waarschijnlijk denk je toch aan hem wanneer je alleen je bed induikt. Je mist zijn arm om je heen, de warmte van het samen de dag laten verglijden naar de nacht.

Maar als je geluk hebt en dat mag wel weer eens, komt hij in je dromen naar je toe. Wanhoop dan niet als je wakker moet worden! Wees dankbaar dat je hem in elk geval 's nachts even hebt 'gezien'.

Bekijk je memorydoos

Als je bij leven een doos met herinneringen hebt gemaakt, bekijk die (op een moment dat je dat aankunt, forceer het niet want het kan verdomd pijnlijk zijn).

Tel je zegeningen

"Het is maar goed dat het niet erger is, anders zou het nog erger zijn." is een citaat dat je kan helpen.

Het is misschien heel calvinistisch, maar soms helpt het om je te realiseren hoeveel erger het nog zou kunnen zijn. Jij hoeft je land niet te ontvluchten, jij hebt geen brandend huis dat je in puin achter laat. Je hebt nog twee benen, je bent gezond (hoop ik voor je), je hebt je kinderen, je familie en vrienden. Er zijn mensen die iets voor je willen doen. Je bloemen in de tuin of op je balkon geven ook nu weer prachtige bloemen. Kijk, kortom, hoeveel 'er nog goed is'. Met deze lichtpuntjes kun je weer een stapje verder komen.

Heb plezier, 'geniet' weer een beetje

Het klinkt misschien wat cru in deze fase van je leven, maar plezier hebben, lachen, een beetje genieten − wat dat dan ook betekent − gaat je helpen.

Lachen is gezond, we kennen de kreet. Er komt een hormoon vrij dat je blijer maakt.

Praktiseer het. Het mag, ècht.

Je mag op een goed moment met vriendinnen de slappe lach hebben. Je mag uitbundig meezingen met een smartlap. Je mag een concert verschrikkelijk mooi vinden, een behandeling bij je schoonheidsspecialiste heerlijk vinden, lekker lurken aan een spannende cocktail.

De eerste keer dat het je gebeurt, zal je verbaasd naar jezelf kijken: ben ik dat? Sta ik daar potverdorie een beetje lol te hebben?

Ja, dat ben jij, gelukkig. Je bent even, heel even maar, gelukkig. Dat is al heel wat nu: voor even gelukkig zijn. Een klein beetje plezier hebben in alledaagse dingen.

Geef aandacht aan je vrienden uit de tweede ring

Als je geluk hebt, staan er naast je direct betrokken familie en vrienden die je de afgelopen tijden veel hebt gezien, ook nog anderen om je heen. Mensen die je door alle omstandigheden wat op afstand hebt gehouden.

Tijd om die ook weer toe te laten. Nodig ze uit, ga naar ze toe, doe wat 'vroeger' gewoon was.

Pijnlijk? Natuurlijk, je mist je partner, vooral op die momenten; het is zo anders dan vroeger. Maar ervaar hoe fijn het is weer gesprekken zoals voorheen te hebben en te voelen dat je andere vrienden en kennissen, ook al ben je alleen, je nog steeds met warmte omgeven. Zet die stap en betreed ook dit stuk van je buitenwereld.

Praat op die afspraken over je man, neem hem mee in het gesprek zonder dat je het forceert, haal herinneringen op. Overdrijf het niet, maar laat hem ook niet geheel buiten het contact met jullie vrienden staan. Het is voor hen ook wennen om in deze nieuwe context met je om te gaan. Wanneer jij relaxed over je partner kunt praten, wordt voor je kennissen ook een drempel weggenomen. En komt er een traan, bij jou of aan de andere kant van de tafel, laat het maar komen. Beter dit te ervaren dan dood te zwijgen, letterlijk.

Even opletten: derde wiel aan de wagen

Bij afspraken met bevriende stellen kan een gevoel ontstaan dat je het derde wiel aan hun wagen bent. 'Zij' zijn met zijn tweeën, jij bent alleen.

Maar realiseer je dat jij bent uitgenodigd of jij hen hebt uitgenodigd. En dat gebeurt meestal omdat het gezellig is om samen te zijn. Niet om te denken in termen van derde wiel aan een wagen.

Het kan evenwel dat een gevoel van jaloezie ontstaat bij de vrouw van het stel waar jij mee omgaat. Haar man geeft jou veel aandacht, hetgeen bij haar de indruk kan wekken dat jij hem zal 'inpikken'.

Als je dat bij haar merkt, moet je handelen. Geef de vrouw aandacht. Kijk meer naar haar dan naar hem als je spreekt, luister naar haar verhalen, stel haar vragen, spreek haar aan met jullie, waarmee je het samenzijn van haar en haar man benadrukt.

Zorg ervoor dat zij je niet als 'gevaarlijke vrouw' ziet die er met haar man vandoor zal gaan (tenzij dat nu juist je plan is, dan wordt het lastiger).

Maar pas op dat dit mogelijk gevoel van derde wiel je niet gaat belemmeren in contacten met bevriende stellen. Laat het niet in je hoofd kruipen als het niet aan de orde is.

Betracht ook hier weer de nodige objectiviteit.

Ga op vakantie

Dit is voor velen een moeilijk onderwerp. Want hoe fijn waren jullie vakanties niet!

Samen met je man op weg. Picknickmand in de auto en gaan. Of met de trein of vliegtuig samen een onbekende bestemming tegemoet. Dat is voorgoed voorbij. Nooit meer samen op pad.

Dat is inderdaad een hard gelag. Maar ook hier is een oplossing.

De minst sprankelende: je blijft thuis, kniest over dat wat was en komt de deur niet meer uit. Beter: je boekt een ticket naar iemand in het buitenland die je al heel lang wilde opzoeken, maar waar steeds geen gelegenheid voor leek te zijn.

Of je vraagt je zoon mee op reis. Zolang je een leuke bestemming uitkiest (en betaalt!), wil hij nog best met zijn moeder mee op reis.

Beschouw de twee laatste opties als de cadeautjes die jou ten deel vallen. Niet als een negatief alternatief van de vakanties met je partner, want zo kom je niet verder. Bekijk het van de positieve kant: zolang je man nog leefde, zou je niet alleen in een vliegtuig kruipen, of je volwassen kind uitnodigen met je mee te gaan. Dus je ervaart: waar deuren dicht gaan, gaan anderen open. Zolang jij de deurklink maar weet te vinden.

Als er niemand te bezoeken valt, er geen kind beschikbaar is en je niet alleen weg wil, kun je natuurlijk met een groep mee. Als je je makkelijk voegt in een gezelschap is dat een goede oplossing. En als je niet met stellen opgezadeld wilt zitten, kies je een alleengaandenreis. Er bestaan talloze organisaties die aantrekkelijke, thematische reizen aanbieden. Kijk wat bij je past.

Er weer op uitgaan, nieuwe ervaringen opdoen kan, wanneer de tijd rijp is, helend werken. En de kick als je het in je eentje hebt gedaan en er ook nog van hebt genoten, werkt nog heel lang door. Het opent jouw weg naar de toekomst.

Stellen, overal stellen

Wanneer je alleen bent, lijkt de wereld alleen maar uit stellen te bestaan. Mensen die hand in hand lopen, knus bij elkaar achter op de fiets door de stad zwieren, samen in een kroeg borrelen, samen wandelen. Je wordt er gek van!

Maar idealiseer niet. Ten eerste bestaat niet de hele wereld uit stellen. Dat is slechts jouw perceptie. En bovendien: niet elk stel dat je ziet is happy.

Kijk eens goed op dat terras waar twee mensen verveeld bij elkaar zitten. Hoor de boze toon in het gesprek. Hij kijkt op zijn telefoon, zij met een kwaaie blik naar hem om duidelijk te maken dat zij aandacht wil omdat zij leuker is dan zijn telefoon (hetgeen je kunt betwijfelen).

Durf, terwijl je dit ziet, je herinnering aan je lief op een zonnig terras toe te laten. Jullie waren blij met elkaar. Jullie keken samen vrolijk de wereld in. Realiseer je dat je gelukkig kunt zijn dat je dat genoegen hebt geproefd. En dat het dan misschien nog wel beter is om alleen met je warme, gekoesterde gedachten te zijn, dan samen met zo'n stuk saggerijn naast je.

Respecteer de wens van je partner

Hebben jullie het er weleens over gehad hoe jij verder zou moeten leven wanneer je partner kwam te overlijden? Was het zijn wens dat jij niet eeuwig de treurende weduwe zou blijven?

Ook al was er niets uitgesproken; er bestaat een grote kans dat hij zou hebben gewild dat je weer leuke dingen zou gaan doen. Het zou voor hem misschien zelfs makkelijker geweest zijn je achter te laten in de wetenschap dat je zou proberen weer gelukkig te zijn.

Dus voel je niet schuldig wanneer je weer naar buiten gaat en initiatieven onderneemt.

Je man zou trots op je zijn!

Snap dat alleen niet hetzelfde is als eenzaam

Wanneer je je neus weer buiten de deur steekt, je voorzichtig weer een nieuwe vorm aan je sociale leven geeft, ervaar je wellicht hoe moeilijk het is dat alleen te doen. Steeds weer alleen plannen moeten maken, alleen naar dingen toe gaan. Terwijl je zo gewend was dat samen te doen. Maar alleen zijn, is geen synoniem van eenzaam zijn. Je kunt ontzettend alleen zijn in een groep, sommigen zelfs in een relatie.

En bedenk dat alleen zijn ook voordelen kan hebben. Je hebt immers de vrijheid nu. Je kunt spontaan dingen ondernemen. Je hoeft niet meer op tijd thuis te zijn voor de verzorging van je partner, je hoeft niet meer elke vrijdag naar het ziekenhuis, je hoeft niet meer als een waakhond op hem te letten. Je kunt eten wanneer je wilt, midden in de nacht groot licht maken in je slaapkamer, al je schoenen laten slingeren zonder dat iemand er iets van zegt.

Voorstellingen

En je kunt, als je vrij bent op een doordeweekse middag, naar de film gaan zonder dat je iemand verantwoording hoeft af te leggen. Je kan een balletvoorstelling bezoeken nadat je last minute het allerlaatste kaartje hebt kunnen bemachtigen. Je bent niet afhankelijk van anderen. Je hoeft niet steeds van alles te regelen om ergens heen te gaan. Je kunt gewoon alleen gaan. Er is maar één hindernis te nemen: stap over je schroom heen en just do it!

En nee, het is niet leuk om in de pauze van een voorstelling alleen een kop koffie te drinken of om na de film niet gezellig na te kunnen praten en met je vriendin een biertje te drinken.
Maar kijk naar het goede! Je hebt genoten van iets moois en je bent voor even je verdriet vergeten. En je hebt de kick van

het alleen gedaan hebben. Je kunt trots op jezelf zijn. En je zult zien dat het de tweede keer al gemakkelijker is om alleen ergens op af te gaan.

Grote kans trouwens dat je, wanneer je bijvoorbeeld in het theater in afwachting van iets moois met een programma op schoot op je stoel zit, naast iemand zit die een aardig woord tot je richt. Als jij je openstelt en vriendelijk de wereld inkijkt, zul je zien dat die wereld om je heen zich op zijn beurt voor jou opent.

Droom je dromen van weleer

Je bent in een nieuwe fase van met zijn tweeën naar alleen beland. Zoals het vroeger was, lang geleden wellicht, voordat je met je partner samenkwam. Wie was je toen? Welke dromen had je? Heb je die in je leven tot nu toe kunnen realiseren? Of zijn die door je huwelijk, door jullie samenzijn, vervangen door andere, hopelijk ook mooie dingen?

Ga eens terug in de tijd. Welke oude dromen had je, welke zou je nog in dit leven willen realiseren? Kan dat? Is dat nog reëel?

Als je rond je tachtigste weduwe bent geworden en je grote wens vroeger was om liftend de wereld in te gaan, is het misschien wijs die plannen iets aan te passen. Om in plaats daarvan, als je per se een avontuur wilt beleven, een halve wereldreis per trein te maken.

Zoals een weduwe van in de zeventig heeft gedaan: zij reisde ruim vier maanden per trein van Den Haag naar Singapore. Ze kocht vooraf voor alle trajecten treintickets en boekte hotels voor aangename tussenstops. Ze ging door bijkans onbewoonde delen van Rusland via China naar het land waar haar zoon woonde. Een geweldige ervaring om zo helemaal in haar eentje te reizen, ook al was een en ander van tevoren secuur uitgestippeld. Het liet meer dan voldoende ruimte om een tijdelijk groots en meeslepend leven te leiden, want er waren avonturen genoeg!

Was je wens destijds iets minder exotisch en wilde je in een bibliotheek werken: informeer eens naar mogelijkheden.

Wilde je altijd studeren? Kijk naar het grote aanbod dat er is op dat gebied.

Wilde je altijd pianolessen nemen? Wat let je nu?

Ben je weduwe geworden terwijl je nog kleine kinderen hebt, dan is er hoogstwaarschijnlijk geen plaats voor deze oude dromen dan ze te overdenken en te hopen dat je ze later kan verwezenlijken.

In welke positie je ook verkeert, hou ze in het hoofd want de tijd dat jij er op zijn minst aandacht voor kunt hebben, komt ooit, ook voor jou.

Het idee is: laat je nieuwe omstandigheden de stimulans zijn om te doen waarover je ooit droomde. Je hebt ervaren dat het in-eens afgelopen kan zijn. Dus maak je droom waar, carpe diem, pluk de dag!

Sta op je eigen podium

De boodschap is helder: droom, kijk naar wie je was, wie je bent geworden en wie je wilt zijn. Het is tijd voor actie! Het podium is nu voor jou.

Plaats jezelf in het centrum zonder egoïstisch te worden. Je hebt tropenjaren achter de rug, je hebt een groot verlies geleden. Je mag nu kijken naar wat jij wilt en hoe je de jaren die komen gaan, in wilt vullen.

Ontmoet nieuwe mensen; wend de energie die vrijkomt omdat je niemand meer hoeft te verzorgen, aan voor nieuwe initiatieven.

Koester je naasten

Houd daarbij rekening met je naasten, je kinderen, familie en vrienden. Aan de ene kant zullen zij het fijn vinden om te zien dat je je leven opbouwt, dat je niet achter die bekende geraniums kruipt. Aan de andere kant moet je ook aandacht hebben voor hun verlies en hun verdriet.

Jezelf centraal zetten, betekent niet dat je anderen verwaarloost of geen oog voor hen hebt.

Of erger: gedrag vertoont waar de kinderen (en postuum je partner!) vraagtekens bij zouden zetten of zelfs schaamtegevoelens voor zouden hebben.

In actie komen, dingen ondernemen is dus aan te raden, maar kijk voordat je in beweging komt, of je iets van plan bent dat, voordat je partner overleed, ook je eigen goedkeuring zou hebben. Laat je gezonde verstand meewegen.

Samenvatting: de Do's

* Maak een bondgenoot van de tijd.
* Praat met andere weduwen.
* Lees.
* Wees geen sissende spin.
* Aanraken: massages regelen.
* Schrijf: negatieve, maar ook positieve dingen!
* Blijf optimistisch en een beetje vrolijk.
* Accepteer de gebeurtenissen, maar wees daar niet lijdzaam in.
* Maak een feestje van alleen eten.
* Doe je boodschappen.
* Beweeg.
* Verzorg jezelf.
* Verzorg iets anders.
* Vind jezelf leuk.
* Corrigeer jezelf.
* Koester je herinneringen.
* Droom je man weer bij je.
* Bekijk je memorydoos als je die hebt.
* Tel je zegeningen.
* Geniet een beetje.
* Aandacht aan vrienden uit tweede ring.
* Derde wiel aan de wagen: oppassen!
* Maak vakantieplannen.
* Let niet al te veel op leuke stellen.
* Niet steeds de treurende weduwe zijn.
* Eenzaam versus alleen.
* Voorstellingen bezoeken.
* Droom je dromen van weleer.
* Sta op je eigen podium.
* Koester je naasten.

9. Weduwe in het eerste jaar: de don'ts.

Naast de dingen die je kunt doen om de eerste paar maanden van je weduwschap goed door te komen, is er ook een aantal dat je beter niet kunt doen. Een overzicht:

Leg je verdriet niet naast de meetlat

Je leeft met je eigen verdriet. En wanneer je anderen tegenkomt en hen erover vertelt, kan het zijn dat zij op hun beurt hun verhaal aan jou willen vertellen. Dat kan, als je 'geluk' hebt, gaan over hun partner die gestorven is, maar ook over hun oude demente oma van 102 die gestorven is, een oude kat die ze moesten laten inslapen, over een vriendin die dood is en ze nu zo vreselijk missen terwijl ze haar nooit meer enige aandacht gaven. In die laatste gevallen leggen ze zonder enige consideratie voor jouw verlies hun – in jouw ogen- veel kleiner leed in hetzelfde schap van ervaringen, zomaar naast dat van jou. Ze hebben het lef hun verdriet te vergelijken met jouw veel groter verdriet. Er kunnen kwade gedachten opborrelen, je zou een baksteen in je handtas willen doen om ermee op hun hoofden te gaan meppen. Je zult willen weerleggen waarom jouw verlies veel smartelijker is dan het hunne, zelfs in discussie gaan om dat eens even flink duidelijk te maken.

Doe maar niet. Voorkom dat je jouw verdriet langs een meetlat legt. Ga niet vergelijken.

Het heeft geen enkele zin. Verdriet is geen wedstrijd. Iedereen mag verdriet hebben en er is voor iedereen plaats voor rouw. Of dat nu voor een partner is of voor een weggelopen marmot.

Met vergelijken en veroordelen dien je niemand en niemand heeft gelijk. Dus beter om maar vriendelijk te knikken en zodra je kunt, voordat je transformeert tot de sissende spin, de benen te nemen.

Val niet in de valkuil van drinken

In deze lastige eerste periode van het weduwe zijn zul je misschien zoeken naar momenten van vergetelheid. Om niets te hoeven voelen, niets te hoeven regelen.

De drank staat in het dressoir, in de ijskast, in de schappen van de winkel. Hoe makkelijk zou het zijn om je eerste sherry in de ochtend te nemen, een wit wijntje bij de lunch, een gin-tonic bij de borrel, rode wijn bij je eenzame diner en nog een slaapmutsje vlak voordat je alleen verkild je bed in duikt.

De volgende morgen blijf je maar iets langer liggen omdat de nacht zo onrustig was. Kloppend hart, zweten en onrustig slapen vanwege drank die in de weg lag.

Laat ontbijt maar zitten, zo meteen maar even een drankje bij de brunch. Thee overslaan, de vijf in de klok? Vast wel ergens op de wereld. Borreltijd. Nog snel even naar de winkel, niet voor het noodzakelijke groente en fruit, maar voor de fles. Want, vreemd, de voorraad slinkt rap.

"O nee, ik kijk wel uit," denk je. "Gaat mij echt niet gebeuren."

Mooi zo. Want echt, drank lost niets op. Je conditie, je denkvermogen, je incasseringsvermogen, je lichaam, je huid, alles wordt er slechter door.

Je verwaarloost je huis, je vrienden en kennissen. Je neemt de telefoon niet meer op. Omdat de knopjes van je toestel na te veel drank voor je ogen alle kanten op vliegen. En je denkt: "Laat maar. Als het belangrijk is, bellen ze nog wel een keer."

Maar dat doen ze op een gegeven moment niet meer. Het stopt. En dat stoppen stopt pas weer wanneer jij stopt. Met drinken, of het nuttigen van andere verslavende rommel.

Beter om er niet aan te beginnen.

Niet alleen maar binnen blijven

Je zult in deze tijd de buitenwereld soms niet willen zien.

Laat mij maar thuis, zoveel te doen, zo moe, geen aangenaam gezelschap zijn. Legio smoezen. Tenzij je lieve vrienden hebt die je ergens mee naar toe sleuren en je beloven je thuis te brengen du moment dat je het niet meer trekt, kan er maar één advies zijn: toch maar de stoute schoenen aantrekken en eropuit gaan. Van continu binnen blijven wordt niemand beter. Al maak je elke dag maar één wandelingetje, ga je even op een bankje zitten om te kijken naar spelende kinderen of neem je wat brood mee om de eenden te voeren. Frisse lucht doet wonderen, is altijd binnen handbereik en het kost je niets. En misschien heb je onderweg een aardig, onbeduidend maar voor jou zo belangrijk klessie. Blijf dus niet binnen zitten kniezen.

Niet verbitterd raken

Er is werkelijk genoeg reden je akelig te voelen, boos te worden op de hele wereld vanwege het grote lijden dat je moet doorstaan. Je verbitterd buiten de wereld te voelen staan omdat iedereen gewoon doorleeft.

Maar door kwaaiig te worden, bereik je niets, behalve dat je nog meer alleen komt te staan omdat er met jou geen land valt te bezeilen. De mensen om je heen zullen niet weten hoe ze je kunnen helpen. Slik je bitter weg en probeer een iets zoetere houding aan te nemen. Niet alleen voor de buitenwereld. Vooral voor jezelf.

Geen grote beslissingen nemen

Wanneer je in deze overlevingsstand zit, is het niet zo verstandig veel omvattende besluiten te nemen.

- Niet ineens je huis verkopen als er geen noodzaak toe is.
- Niet ineens je sieraden verkopen.
- Niet ineens een oud boerderijtje kopen in het meest afgelegen deel van de wereld.
- Niet ineens met vrienden breken.
- Niet ineens een langlopende cursus gaan doen die elke week veel beslag op je tijd legt die je niet hebt.
- Niet ineens je hele outfit en je verschijning willen veranderen, je haar knalrood verven en talloze piercings nemen omdat je dwars wilt zijn en wilt breken met je verleden.

Niet ineens iets doen, kortom, waarvan je je realiseert dat je er eigenlijk beter nog even mee kan wachten tot je stabieler bent en je beter in staat bent een verstandige beslissing te nemen. Piercen kan altijd nog.

Niet al te drastisch troostaankopen doen

Datzelfde geldt voor het impulsief winkelen. Wanneer je die onstuitbare behoefte hebt te gaan kopen: bescherm jezelf; voor je het weet zit je met spullen die je eigenlijk helemaal niet wilde hebben. Nog meer spullen in huis halen terwijl je aan de andere kant wilt opruimen, helpt echt niet. Of het moet het kortstondige moment van bevrediging zijn wanneer je een koopje hebt gescoord.

Beter om eerst eens te 'winkelen' in je eigen huis, in je eigen kast; gooi alles op je bed en kijk wat er tevoorschijn komt. Laat je creativiteit loskomen. Pimp oude schoenen op.

Wacht nog even met aankoop van die hele dure leren bank. Gooi er liever een grote lap overheen als je die een andere uitstraling wilt geven.

Samenvatting: de don'ts

* Geen meetlat van verdriet.
* Geen verslaving ontwikkelen.
* Niet alleen maar binnenblijven.
* Niet verbitterd raken.
* Geen grote beslissingen nemen die niet echt hoeven.
* Geen troostaankopen doen.

---

10. Waar loop je verder tegenaan?

Naast alle do's en don'ts zijn er de onontkoombare gebeurtenissen die je mee gaat maken in je eerste jaar van het weduweschap. De kalender tikt de tijd door en neemt je mee langs:

Alles een eerste keer zonder hem

- zijn eerste verjaardag;
- jouw eerste verjaardag;
- verjaardagen van je kinderen of andere dierbaren;
- jullie trouwdag of een andere samen-gedenkdag;
- een huwelijk van je zoon of dochter;
- de geboorte van een kleinkind;
- een begrafenis van een dierbare vriend;
- Pasen, Koningsdag, Vaderdag, Moederdag, Kerstmis;
- en tenslotte zijn sterfdag.

Dit zijn zware dagen. Het is niet leuk om op de verjaardag van je man in bed te kunnen blijven liggen in plaats van je in de keuken op vers sap en croissantjes te storten.

Het is niet leuk om wakker te worden op je eigen verjaardag zonder toegezongen te worden, het is best verdrietig om in stilte maar eens te kijken of je al een felicitatieappje hebt ontvangen in plaats van het gerommel met de cadeautjes te horen.

Het is niet leuk om alleen naar de verjaardag van je zoon of dochter te moeten gaan, of om die van je kleinkinderen te vieren zonder je lief.

Maar het is niet anders. Er is niets aan te doen. Het enige dat je kunt doen is te proberen er het beste van te maken en de dagen zo goed mogelijk door te komen.

Gaf je op zijn verjaardag altijd een feest? Overweeg om dat het eerste jaar weer te doen. Trek je knalste jurk aan en maak er ter gedachtenis aan je man een mooie avond van met zijn vrienden om je heen. Proost op hem en haal dierbare herinneringen op.

Vier de jouwe zoals je dat eerder deed. Vierde je die alleen met je partner, doe dan wat met lieve familieleden of je beste vriendinnen. Eén voordeel bij dit alles: jij mag bepalen hoe je het doet. Maar zet jezelf tot iets. Niets is meer deprimerend dan alleen thuis zitten op je verjaardag. Accepteer een aanbod van familie of beste vrienden (even) iets 'gezelligs' te doen, al ga je daar wenkbrauwfronsend heen.

Wat te denken van de andere verjaardagen die zich niet in jouw huis afspelen; die van uitwonende kinderen en kleinkinderen? Hoe ga je daarmee om? Simpel. Dapper erop afstappen. Bereid je voor op je entree, alleen. Dat kan best heavy zijn.

Maar bedenk dat het niet alleen voor jou, maar ook voor de kinderen lastig is, zo'n eerste verjaardag zonder hun vader. Zij vinden het vast fijn jou erbij te hebben. Je was er immers altijd bij? Dus hup, daar ga je.

Als je voorziet dat het je moeilijk gaat vallen, kun je desnoods van tevoren aangeven dat je mogelijk niet lang blijft. Omdat het te zwaar is. Je kunt dan, als je wordt overvallen door een al te triest gevoel, met goed fatsoen weg.

En dan jullie trouwdag. Daar zit weinig feestelijks meer aan. Als er één dag van jullie samen was, alleen van jullie, is het wel de trouwdag. Maar je kunt er niet omheen. De kalender is onverbiddelijk en laat hem komen. Hoe je de dag ook invult, het blijft hoogstwaarschijnlijk een rotdag. Het enige dat je zeker weet, is de troostende gedachte: na 24 uur is het voorbij.

Andere 'feest'dagen kunnen ook problematisch zijn: bijvoorbeeld de Kerstdagen.

De buitenwereld dringt zich aan je op, niet in het minst doordat de commercie meent dat dit de meest gelukkige dagen van het jaar zijn die je met veel familieleden en eten doorbrengt. Waardoor de realiteit van het gemis nog harder op je drukt.

Maar net zoals voor alle dagen geldt ook voor deze dat je eigen baas bent. Voel je er niets voor om Kerst te vieren? Ga op reis, kies een exotische bestemming waar je er geen last van hebt. Neem iemand mee en beleef mooie avonturen.

Of, als je die mogelijkheid niet hebt, blijf thuis, vermijd winkels, zet geen radio of tv aan en wacht tot het over is. Of, en dat zal in veel gevallen het meest voor de hand liggen: accepteer uitnodigingen en realiseer je dat je af en toe moeilijke momenten zult hebben, omdat je je lief zo mist. En maak maar grapjes over het feit dat je naasten waarschijnlijk hebben gedacht: wat doen we met moeders deze dagen? Wie is de klos? Wie zorgt er dit jaar voor dat zij onder de pannen is?

Het belangrijkste: zie het gewoon maar onder ogen. Denk erover na en maak je keuzes. Doe dat weloverwogen. Ga niet mee in de gekte van alle reclames, die je verplichten happy te zijn. Want dat ben je niet. Het is een kwestie van doorbijten tot de tijden weer kalmeren en het gewone leven zijn gang weer neemt. Voor zover jouw leven nog gewoon is.

Wees 'gewoon' maar even flink.

Je kinderen gaan door

De kinderen hebben over het algemeen hun eigen leven, tenzij zij heel jong zijn wanneer hun vader overleed. Als zij op eigen benen staan, uit huis wonen, zullen ze mogelijk de eerste tijd regelmatig bij je willen zijn om je goed in de gaten houden. Maar vrij snel daarna zullen zij de draad van hun bestaan weer oppikken. En dat is goed. Zo hoort het.

Wat belangrijk kan zijn, is dat je ze in de nieuwe situatie het evenwicht en de rust geeft van weleer, ook al is alles veranderd omdat hun vader er niet meer is. Laat hun voormalig thuis hun anker blijven, als dat het eerder was. Praat over hun vader, laat emoties toe, maar toon ook de stimulerende kracht die jij hebt om door te gaan zonder hem.

En cruciaal: blijf geïnteresseerd in hun levens. Wentel je niet in je eigen gemis, in je eigen verdriet. Geniet van de verhalen die de kinderen je vertellen, wees dankbaar dat je deelgenoot mag zijn van alle stappen die ze nemen. Ook al denk je vaak aan je partner: 'Kon hij dit allemaal maar meemaken.' Zie het goede: het gaat hier om de kinderen, zij willen en zij gaan door. En dat is precies wat er moet gebeuren. En in die actie van de kinderen zie je je man weer terug. En dat helpt jou weer verder op je pad.

Alleenstaande ouder

Het kan overigens op je drukken om alleen de verantwoordelijkheid te dragen voor je kinderen. Die last alleen op jouw schouders te voelen rusten, nu er niets meer met je man te delen valt. Je kunt daardoor het gevoel krijgen dat jij extra voorzichtig moet zijn, dat er met jou niets mag gebeuren om te voorkomen dat de kinderen echt wees worden.

Maar neem niet meer op je dan reëel is. Leef gezond en verantwoordelijk. En wees een beetje vrolijk en opgewekt. Onderneem dingen. Dat is meer dan genoeg en het beste dat je voor je kinderen kunt doen.

Nooit meer op nummer één

Vroeger stond (hopelijk) je man, naast je kinderen, op jouw nummer één en jij was voor hem een van de belangrijkste personen. Naarmate je langer bij elkaar bent geweest, was dat zo vanzelfsprekend geworden dat je er niet eens meer bij stilstond. Maar nu hij er niet meer is, komt waarschijnlijk ook het besef binnen: je neemt die belangrijke plaats niet meer in.

Je bent voor niemand meer de belangrijkste persoon in het leven. Dat is een uiterst pijnlijke, maar helaas reële gedachte.

Je hoeft niet naar huis te bellen dat je eraan komt, er zit niemand op je te wachten (hoogstens een hond met een volle blaas); je verwacht van niemand een bericht dat iets uitloopt, dat het iets later wordt. Je komt na een lange dag in een leeg huis. Niemand die je begroet, niemand die je boodschappen overneemt, je een kop koffie inschenkt. Niemand die je vraagt hoe je dag was, of je baas je dwars zat, of je een goeie vergadering of een leuke verjaardag van een vriendin hebt gehad.

Er is kortom niemand meer, hoeveel vrienden je ook hebt, die je 24/7 in je dagelijks leven volgt. Die een 'totaalbeeld' van je heeft. Niemand die echt bij je hoort. Niemand voor wie jij op de eerste plaats staat.

En zo is het. Onmiskenbaar. Ook al word je omringd door familie en goede vrienden, je staat niet op hun erepodium. Jij bent niet geworteld in hun dagelijks leven. Je bent een bijkomstigheid. Een hopelijk gekoesterde, maar wel een bij-vrouw. Iemand aan de zijlijn.

Accepteer het maar want er is niets aan te doen.

Vice versa

Omgekeerd geldt het net zo. De projectie van jouw partner op nummer één ben je nu ook kwijt. Je hebt niemand meer die jij dagelijks volgt, waarvoor jij zorgt, voor wie jij iets extra's doet als hij een moeilijke dag achter de rug heeft.

Dit kan maken dat jij je zorg niet meer kwijt kunt. En al ben je daar in verband met het zware proces van verzorging dat achter je ligt, misschien opgelucht over, je kan het vreselijk missen. Je voelt je afgesneden, geamputeerd van je eigen lievigheid.

Samen stil zijn

Iets anders dat frappeert, is het volgende: er is niemand meer met wie je stil kan zijn. Als je mensen om je heen hebt, moet je altijd praten. Je hebt 'bezoek'. Door de bank genomen ben je dan continue bezig. Koffie, thee, limonade schenken. Eten koken. Gastvrouw spelen. De mensen die langs komen, willen weten hoe het met jou is, en omgekeerd willen zij hun verhaal kwijt. Kinderen natuurlijk daargelaten, zijn er maar weinigen die je huis binnenkomen en stil met je in een hoekje gaan zitten. Wat kun je dan ineens verlangen naar de vertrouwdheid om samen met iemand stil te kunnen zijn.

Niemand begrijpt je

Het verdriet, jouw verlies, staat niet op je voorhoofd geschreven. Het is aan de buitenkant niet te zien. En al was dat, zoals in vroeger tijden van het langdurig dragen van rouwkleding, wel het geval, niemand snapt exact wat je voelt. Wat je doormaakt. Hoe jouw stemmingen elkaar afwisselen.

Niemand begrijpt werkelijk hoe de pijn je in het holst van de nacht bij de keel grijpt, je verstikt, hoe je lijden je als een mokerslag raakt. Hoe onverwachts donker het overdag is, hoe versluierd de zon, hoe somber de warme zomerdagen.

Niemand voelt hoe alleen je bent wanneer je slechts je ziel onder je arm als gezelschap hebt.

Wen er maar aan. Het leven wordt één grote strijd met jezelf, met je emoties.

Niemand stelt je gerust

Om deze akelige opsomming nog wat aan te vullen: wanneer je opziet tegen een gesprek dat de volgende dag moet plaatsvinden, je bang bent voor een onderzoek dat je moet ondergaan, je je zorgen maakt over de financiën, besef je eens te meer dat je er alleen voor staat. Niemand die je vlak voor het slapen gaan in zijn armen neemt en je zorgen wegkust.

Niemand die je een aai over je bol geeft vlak voordat je naar een beladen afspraak vertrekt. Het is allemaal verdwenen. Er is niemand die je geruststelt.

Geen raad meer

Als je niet uit een mail komt die je moet schrijven, of wanneer je goed na moet denken hoe je een probleem kan oplossen, komt het besef binnen: hij was er altijd. Hij diende als praatpaal, corrector en problemsolver tegelijk.

Dat ben je kwijt. Je moet je eigen zaakjes runnen.

Daarbij kun je natuurlijk (betaalde) hulp inroepen wanneer het om grote beslissingen gaat. Een financieel adviseur, een coach, iemand die taaltechnisch heel goed is.

Maar ook die beslissing van inhuren moet je alleen nemen. Het als vanzelfsprekend kunnen overleggen met iemand die compleet in jouw problematiek is ingevoerd, is verdwenen.
En dat is verdomd lastig.

Weduwekaart

Gelukkig kun je af en toe de weduwekaart trekken en om hulp vragen.

Sta je bij een benzinepomp omdat je auto je vertelt dat je band te zacht is, vraag hulp, zeg dat je man dat altijd regelde en je zal met een goedgevulde band verder rijden.

Als je wordt aangehouden door een overijverige politieman op het moment dat je nog nèt niet je gordel had vastgeklikt: zeg dat je man recentelijk is gestorven en dat je zo verdrietig bent dat je even met je gedachten bij hem was in plaats van bij de verplichting om je vast te sjorren. Tien tegen één dat ze je ter wille zijn (hoewel ik de pech had zo'n akelige diender te treffen met zijn 'regels zijn regels'. Hij zei er nog net niet 'mevrouwtje' achteraan; dan had ik vanwege mijn reactie daarop, echt een probleem gehad en schreef ik nu waarschijnlijk vanuit een politiecel).

Als je de fles wijn met een ouderwetse kurk niet open krijgt: ga op straat staan en vraag een langsrijdende buurman zijn krachten ten toon te spreiden. Bij de derde heb je de fles echt wel open. Dit mag je overigens ook met een potje bonen doen.

Klusjes

Maar je kunt niet voor alles hulp inroepen of je beroepen op. Je zult redelijk zelfvoorzienend moeten worden. Leer boren, schuren, zagen, lampen vervangen.

Het is heus niet zo vreselijk moeilijk en als je het eenmaal onder de knie hebt, geeft het een enorme kick dat je selfsupporting bent. Het bespaart je bovendien een hoop gedoe. Je hoeft niet steeds als dank voor bewezen diensten cadeautjes te kopen.

Houd bij het klussen wel je hoofd erbij, doe alleen dingen die je echt alleen kunt doen. Wanneer de klus je de hoogte inroept en je een ladder nodig hebt: kijk of er iemand in de buurt is om de trap vast te houden of je kan opvangen als je naar beneden stort. En die 112 kan bellen.

Grote kans dat als je een buurman vraagt even op te letten, hij aanbiedt om die klus voor je te klaren en in plaats van jou naar boven klautert. Door die rolwisseling voorkom je betrekkelijk simpel dat er een maand later in de krant staat dat er iemand in wat minder florissante staat in de tuin is gevonden.

Je kunt meer dan je denkt

En wanneer je dan zelf een lamp op die rotplek in de ijskast hebt vervangen, de verwarming hebt ontlucht, de stoppen in de stoppenkast weer in de reset hebt gekregen, kun je trots op jezelf zijn. Zoals je man dat naar jou zou doen als hij je zo dapper bezig zag, zo liefdevol kun jij naar jezelf glimlachen. Check, klusje klaar!

Oordeel van anderen

Iets anders waar je mee te maken krijgt: de buitenwacht kijkt naar je en oordeelt. Onvermijdelijk.

Wanneer je vertelt dat het goed gaat met je, denken ze: "Nu al?"

Als je zegt dat het niet goed gaat, denken ze: "Het is al zo'n tijd geleden, kom op!"

Natuurlijk gaat het hierbij niet om de reacties van je intimi.

Het betreft de schil eromheen. Voor hen ben je òf te vrolijk, òf je bent depressief. Er is altijd een oordeel. Zo zit de wereld nu eenmaal in elkaar. Trek je er maar niet teveel van aan.

Officiële documenten: w.v.

Mogelijk moet je in deze tijd een nieuw rijbewijs of paspoort aanvragen. Wanneer je welgemoed aan het loket bij de gemeente staat om het op te halen, zie je dat bij burgerlijke status 'w.v.' staat genoteerd.

"W.v.?" vraag je.

"Ja mevrouw, weduwe van."

Confronterend? Ja.

Te vermijden? Nee, in mijn gemeente bleek dat niet het geval. De ambtenaar vertelde me dat ik van die status niet meer af zou komen, tenzij ik weer in een vers geschilderd huwelijksbootje zou stappen.

De sterfdatum

En dan is je eerste jaar weduwe-zijn ten einde. Je hebt het hele jaar doorleefd, je hebt alles gehad, de verjaardagen, je trouwdag, de 'feest'dagen. En dan komt de dag dat je een jaar geleden afscheid hebt genomen van je lief.

Dat je hem vaarwel hebt gekust, dat je hem hebt moeten laten gaan.

Misschien wil je naar het graf of een andere gedenkplaats. Misschien wil je tijd met de kinderen doorbrengen, of wil je onder je dekbed kruipen en wachten tot de dag overgaat.

Hoe het ook zij: je hebt je eerste jaar gehad. En je bent er nog. Dat geeft hoop voor de toekomst.

Nog even iets: voor jou is de sterfdag een mijlpaal, een monument in de tijd.

Voor anderen, die net even een stap verder van je af staan, minder. Niet iedereen zal deze dag op de kalender hebben genoteerd. Wees dus niet boos als mensen je op die dag 'vergeten'. Wees eerder blij met de aandacht die je wel krijgt.

Een 'plek' geven: de grootse onzin aller tijden

Mensen om je heen zien je opklauteren. Je 'doet' weer dingen. Je werkt, geeft weer aandacht aan je hobby's en aan je vrienden.

Dat zou het beeld kunnen geven dat je na één jaar je verdriet hebt gehad. Dat je het 'een plek' hebt weten te geven, al is volstrekt onduidelijk wat mensen daarmee bedoelen. Waar ligt die plek? Hoe kom je daar? Bij mijn beste weten staat nergens op Google Maps een adequate route aangegeven.

Het gezegde 'een plaats geven' is dan ook een hele vreemde. Wordt er een einde mee bedoeld? Opgeruimd, netjes in een kastje, deur op slot, sleutel weggegooid? Geen omkijken meer naar?

Forget it. Verdriet is een ervaring. Je draagt het je leven lang mee. Zoals je met andere ervaringen ook doet. Alleen is verdriet een blijvende activiteit van lijden, het is een zware last die je meedraagt, elke dag opnieuw.

Het goede nieuws is evenwel dat de schouders waarop de last drukt, sterker worden en je op termijn in staat bent het gevoel lichter te laten zijn. En dat maakt waarschijnlijk dat mensen om je heen, letterlijk onervaren in deze, na een jaar denken dat je er een beetje overheen bent.

Op zich is dat ook wel weer heel fijn. Het is in elk geval beter dan dat je er kennelijk als een draak blijft uitzien en ze zich grote zorgen over je maken. Maar wat jij werkelijk hebt gedaan in dat eerste jaar is overleven. Je bent in de maalstroom gekomen die je meenam naar die eerste periode van alleen zijn, je eigen leven vormen, je eigen beslissingen nemen. Je staande houden, je moeheid ervaren. De pijn verdragend die je zomaar ineens overvalt, die je doet beseffen hoe weinig grip je nog hebt op de dagen. Maar die je aan de andere kant voorzichtig in een routine brengt. Die een klein beetje acceptabele regelmaat en houvast in je leven geeft.

En wordt het dan, na een jaar, draaglijker?

Zeker, op termijn wordt het verdriet minder scherp, milder. Raak je niet meer zo snel uit evenwicht, bouw je weerstand op tegen moeheid en droefheid. Hoef je niet meer zo je best te doen de keuze te maken zo nu en dan iets afstand van je verdriet te houden.

Maar wees gewaarschuwd, daar gaan jaren overheen. Tot er dagen komen dat je merkt dat de last zich minder aan je opdringt. Dan komt het accent meer op de vanzelfsprekendheid van het dragen te liggen. Je schouders lijken soepeler. En er komt, veel verder in de toekomst, zelfs een moment dat je zonder zwaarte naar je ervaringen, naar je herinneringen kunt kijken. Maar dat duurt nog wel even...

Hoeveel tijd het je ook gaat kosten om daar te komen; in dit voorbije eerste jaar heb je al het nieuwe ervaren, hoe het is om alleen te leven en alleen je beslissingen te nemen. Je hebt alle memorabele dagen van de verjaarkalender één keer doorlopen.

Vol goede moed duik je je tweede jaar in. En om je alvast voor te bereiden: dat wordt misschien nog wel beroerder dan het eerste jaar van je weduwschap. Het zal namelijk tot je doordringen dat dit het nu is. Dat dit je nieuwe leven is geworden. Je zult beseffen dat je man je voorgoed heeft verlaten, dat je hem niet meer terug kunt halen, dat hij echt verdwenen is, zelfs langzaam maar zeker van je wegglijdt. Een verte in die maakt dat je je soms tot in je tenen, verdrietig voelt.

Maar we blijven positief: ook deze periode kom je door. Ooit, in de verre jaren erna, gaat het beter. Echt beter. Dan zal je ergste pijn door de tijd verzacht worden, zal je lief zelfs naar je terugkeren in zoete herinnering, in liefde, in warmte zonder die slurpende scherpte van droefenis. Maar laten we niet op de zaken vooruitlopen. Eerst maar op naar de jaren na het eerste.

Waar loop je tegen aan:

Alles een eerste keer:
* Zijn verjaardag
* Jouw verjaardag
* Die van kinderen en andere dierbaren
* Je trouwdag
* Huwelijk van zoon of dochter
* Geboorte van een kleinkind
* Begrafenis van een dierbare
* Pasen, Koningsdag, Moederdag, Vaderdag, Kerstmis, Valentijnsdag
* En tenslotte zijn sterfdag

Het leven van je kinderen gaat door
Je bent een alleenstaande ouder geworden

Nooit meer op nummer één
Geen nummer één meer hebben
Met niemand samen stil zijn
Niemand die je echt snapt
Niemand stelt je gerust
Geen vaste raadgever meer
Weduwekaart
Klusjes leren doen
Oordeel van anderen
Officiële documenten met je nieuwe status
De sterfdag van je man
Verdriet een plek geven: waar dan?
Wordt het draaglijker na één jaar? (nee...)

11. Een voorzichtige toekomst na het eerste jaar

Het eerste jaar zit erop. En je leeft nog!
Je hebt de downs en hopelijk een enkele up beleefd.
Je kijkt terug en bedenkt misschien dat het snel is gegaan.
Je bent hopelijk dankbaar voor de lievigheid die je om je heen hebt gehad. Maar je merkt ook dat die aandacht langzaamaan afzwakt. Dat niet langer het sterven van je partner centraal staat, dat jij zelfs niet langer in direct verband wordt gebracht met die afgelopen periode. Dat mensen jou zien in de tegenwoordige tijd, dat de vraag hoe het met je gaat al bijna zonder verwijzing naar dat wat was, wordt gesteld.
Je bent, kort samengevat een jaar en vele stappen verder.
Maar waar brengen die stappen je? Het is, nu je in een volgend tijdperk na je overlevingsperiode komt, goed om serieus na te denken over je toekomst waarbij onderstaande vragen aan bod kunnen komen.

Een nieuwe richting

- Wat wordt je koers?
- Wie ben je geworden, zonder partner?
- Wat wil je nu, zonder partner?
- Besteed je je tijd aan de dingen waaraan je ze wilt besteden of leef je nog in de flow van wat je gewoon was te doen?
- En is wat je gewoon was te doen goed voor je?
- Wil je dat blijven doen?
- Of moet je je gaan heroriënteren?

Je kunt deze vragen negeren, gewoon doorgaan op de weg die je kent, die je al zo lang liep.

Of je kunt erover nadenken. Hetgeen heel verfrissend kan zijn. Ook als de antwoorden op een aantal vragen je doen beseffen dat veranderen niet hoeft, dat het goed is zoals het is. Dat je het liefst alles bij het oude laat, het nieuwe oude zogezegd.

Ga je in de reflectie, dan is belangrijk dat je je niet belemmerd voelt door de ogenblikkelijk naar voren komende gedachte dat veranderen toch niet kan. Niets is zo verlammend als dat. Laat de leidraad zijn dat je je hebt ontwikkeld in de afgelopen periode, dat er van alles mogelijk is. En dat het aan jou is om richting te bepalen. Je kunt de volgende onderwerpen de revue laten passeren:

Werk

Werk je? Wil je je huidige werk blijven doen of droom je van een verandering? Wil je vanachter je bureau vandaan, rondleidingen in een stad gaan geven, een opvang voor kinderen starten of in een asiel werken? Zou je een periode verlof willen inbouwen om te reizen, na te denken over dingen, om een reportage over een boeiend onderwerp te maken, een boek te schrijven, je in een stroming van muziek te verdiepen?

Huis

Vind je het huis waar je nu alleen woont, prettig of zou je willen verhuizen? Naar een kleiner huis? Of een appartement? Misschien naar een andere plaats? Naar een ander land? Wil je kopen of huren? Heb je ooit gedacht je eigen huis te bouwen? Denk na over je ideale plek, waar die staat, hoe die eruitziet. Droom een beetje en keer pas daarna terug naar de werkelijkheid.

Kijk wat er financieel mogelijk is, wat je aankan, ook qua mentale belasting.

Wanneer je concrete gedachten op een rijtje hebt, je jouw fantasie met een reële kans op verwerkelijking hebt laten samensmelten, kun je een plan voorleggen aan familie, vrienden en experts voor een broodnodige toets.

Vrije tijd

Wat was je vrijetijdsbesteding? Vind je die nog steeds de moeite waard? Is er iets waar je meer tijd aan wil geven en waar haal je die vandaan? Moet je daarvoor iets anders opgeven?

Nu is je kans om iets nieuws te beginnen, als je dat zou willen. Probeer in gedachten uit, schrap, breid uit. De tijd is aan jou; het leven is aan jou!

Kledingstijl

Heb je genoeg van de kleding waarmee je je omgaf de laatste jaren? Heb je het gevoel dat je je voegde naar de smaak van je man? Wil je terug naar je vroegere romantische bloemetjespatronen? Of juist naar een hipper voorkomen? Wil je je haar waar je partner zo aan gehecht was, veranderen? Knippen of juist lang laten groeien?

Houd je hoofd erbij, kijk uit dat je niet in een rebelse bui verkeerde besluiten neemt. Maar realiseer je tegelijkertijd dat jij nu bepaalt wie je bent en hoe je eruitziet.

Je vrienden

Hoe zit het met je vrienden en kennissen? Blijf je iedereen uit je 'oude' kring aandacht geven? Wil je een selectie maken, bijvoorbeeld in de vrienden en collega's van je partner?

Soms gaat dat zichzelf, verwatert een contact en bloedt het uiteindelijk dood, hetgeen in dit verband pijnlijk is om te zeggen. Als jij het contact waardevol vindt, is het de moeite om het aan te houden. En de saaie pieten en de sufkonten laat je lekker zitten.

Hetzelfde geldt voor je eigen vriendenkring. Misschien heb je er een hele hoop en mis je de energie om iedereen te zien en te spreken. Selecteer dan. Maak de kring om je heen zo groot of zo klein als jij wilt en aankan. En laat de rest even sudderen, kijk wat er gebeurt. De mensen die je blijven volgen, geef je attentie wanneer jij wilt.

Probeer ook nieuwe vrienden te maken. Met een mogelijke verschuiving in werk, woonplaats of vrije tijd ligt dat voor de hand. Maar sta er ook anderszins open voor. Ook al zal het vreemd voor je zijn om mensen om je heen te krijgen die een zo belangrijk deel, je leven met je man, niet hebben meegemaakt.

Je eigen auto

Hadden jullie twee auto's? Wil je die allebei aanhouden of wordt het tijd er eentje weg te doen. En welke dan? Of wil je ze allebei inruilen voor een auto waar jij graag in rijdt?

Alles kan nu in principe, financiële en andere praktische zaken daargelaten.

Belangrijk om te beseffen is dat jij in charge bent. Jij mag kiezen wat je rijdt.

Ik heb lang gereden in de auto van mijn man. Noodgedwongen omdat ik de mijne had uitgeleend aan mijn zoon die hem nodig had. De eerlijkheid gebiedt te zeggen dat het geen straf was, ik was verknocht aan de auto van mijn man, ik bleef er in rijden tot hij eigenlijk niet meer reed. Althans niet zonder hulp van de wegenwacht die me verscheidene malen heeft geholpen bij het starten. Meestal parkeerde ik uit voorzorg bij een café zodat ik in een aangename ambiance kon wachten tot handige mannen mij de weg weer op stuurden. Tot mijn zoon op enig moment ingreep.

"Mam, koop een andere. Maak een lijstje van wat je wilt en we gaan het regelen."

De appel valt niet ver van zijn vaders lijstjesboom. Het lijstje is gemaakt, een fijne tweedehands is gekocht. De auto van mijn lief is niet meer. Hij is mijn man achternagegaan.

Je eigen kracht

Al deze onderwerpen waarop je je kunt richten en waarin je een eigen richting kunt kiezen, gaan uit van je eigen kracht.

Je zult merken dat je die op enig moment weer voelt. Je bent (ook al is het voor eventjes) opgeladen, je hebt de energie en focus om je te richten op datgene wat op dat ogenblik voor jou belangrijk is.

Dat is een groot goed en alleen al daarom is het fijn die momenten te herkennen en te koesteren. Het kan een geweldige opsteker voor je zijn als je een stap zet in de richting die jij voor jezelf uitkiest. Of dat nu een nieuwe sportclub is, een nieuwe look of de gang naar een asiel behelst waar je je maatje voor de komende twintig jaar uitzoekt.

Jij weet wat je wilt en je hebt er goed over nagedacht. Je bent werkelijk op de goeie weg!

Eerlijk zijn

Bij alle mogelijkheden die je hebt om je leven onder de loep te nemen, is één ding buitengewoon belangrijk: eerlijk zijn tegenover jezelf. Alleen als je je ware gedachten boven laat komen bouw je aan een toekomst die je op termijn voldoening kan geven.

Realiseer je dat je geen partner meer hebt om rekening mee te houden. Je hoeft niet meer aan zijn verwachting te voldoen. Zet je eigen behoeften voorop, ervan uitgaande dat je daar niemand mee te kort doet. Houd wel rekening met anderen, maar weet dat jij jezelf nu op je eigen podium mag, nee, zelfs moet zetten.

Toetsing

Daar zit overigens wel een ander element aan gekoppeld. Het kan zijn dat je in je eentje af en toe wat rare dingen verzint. Of dat je vreemde dingen zegt. Je wordt niet meer gecorrigeerd door je partner. Er is waarschijnlijk niemand meer in je directe omgeving die zegt: "Dat kan echt niet." of "Dat was nou niet zo handig van je."

Vraag daarom aan je beste vrienden of zij dat willen doen. Vraag of ze iets tegen je willen zeggen als zij een door jou geopperd plan minder bij je vinden passen. Of als ze iets ronduit dom of onverantwoord vinden. Vraag om eerlijkheid naar jou toe. En wees zo groots om, wanneer je commentaar krijgt, daar minimaal serieus naar te luisteren.

Emoties

Na je eerste jaren lijk je wat meer af te geraken van de verlammende emoties en ben je meer gericht op je toekomst. Je ontwikkelt plannen en gaat een eigen nieuwe weg.

Je zult merken dat je minder snel en minder vaak wordt geconfronteerd met de tsunami aan overvallende triestheid. Het lijkt of de tijd je hardt, of dat je minder gefocust bent op je overleden partner.

Maar pas op! Juist in een tijd dat je er het minst op bedacht bent, komt het moment dat je keihard wordt teruggezet. Dat kan zijn als je 's avonds laat bij een lantaarnpaal je hond een laatste plas laat doen en je je buren de gordijnen van hun slaapkamer ziet sluiten, wetend dat zij zo dadelijk lekker tegen elkaar aan kunnen kruipen. Of bij een winkel in het dorp waar je ineens de lievelingsrozen van je man ziet staan. Bam! De emotie komt ineens binnen, snoeihard.

Niets aan te doen. Rustig blijven ademhalen en weer doorgaan. Bedenk maar dat je lief even heel dicht bij je was en dat dat fijn is.

Een toekomst na het eerste jaar

Kies een nieuwe richting:
* met betrekking tot werk;
* tot je huis;
* vrije tijd;
* je vrienden;
* je eigen auto.

Verdeel je kracht.
Wees eerlijk tegenover jezelf.
Accepteer toetsing en laat je corrigeren.
Accepteer de wisselende emoties.

12. De weduwejas zachtjes van je afwerpen

Mijlpaal

De jaren gaan verder. De tijd heeft je meegenomen op je reis zonder je lief.

Je hebt gebouwd aan een eigen, nieuwe toekomst. Er komt een moment dat je achteraf als een mijlpaal zult kunnen omschrijven. Een ogenblik waarin je beseft dat je werkelijk verder bent gekomen, dat je grote stappen hebt gezet. Dat de tijd zijn vleugels liefdevol over je heeft uitgestrekt en je heeft gebracht naar een periode waarin meer balans en rust heerst.

Waarin je meer weet wat je wilt, wie je bent geworden. Waarin je niet meer elk moment wordt getekend door je weduwschap. Waarin je niet meer elk moment wordt geketend door verdriet. Waarin het spoor op een strand van alleen jouw voetstappen niet direct in wanhoop wordt ervaren. Waarin je steviger staat. Waarin je jezelf hebt hervonden.

De tijd is gekomen waarin je de jas die je door alle seizoenen heen heeft moeten warmen, de jas van je weduwschap, zachtjes van je af kunt laten glijden, in liefde naast je neer kunt vleien.

De tijd waarin je jezelf bij nieuwe mensen voorstelt als wie je bent, zonder dat de toevoeging 'weduwe van' op de voorgrond wordt gezet.

De tijd waarin je je realiseert dat je verder mag, verder moet zelfs, omdat het alternatief, het blijven hangen in je weduwschap, een verloochening van je toekomst zou zijn.

Het is dit moment waarin je werkelijk een nieuw tijdperk betreedt, zonder je partner.

Waarin je met kracht, energie en de wil je nieuwe bestemming tegemoettreedt.

Man weggooien?

Betekent dit dat je je man vergeet, 'weggooit'? Geenszins! Het houdt in dat je verder kunt, juist dankzij je man. Je hervindt hem weer. Je voelt hem om je heen, je draagt hem op je schouders zonder de acute pijn, in vertrouwen, onzichtbaar verbonden, als een zilveren draad die om je heen is gesponnen. Hij biedt jou een route naar je toekomst.

Trouwring

In deze laatste fase van het weduwschap heb je misschien de behoefte om 'vrij' te zijn.

Om je eigen trouwring en die van je partner, als je die draagt, af te doen. Om andere sieraden te dragen.

Feel free. Letterlijk. Doe alles af, kijk hoe dat voelt.

Doe alles weer om als dat je toch beter past. In dat laatste geval zul je merken dat het toch ineens anders voelt, je draagt de fysieke herinnering, in liefde verbonden. Vanuit een bewuste keuze. Het moge een ogenschijnlijk onbelangrijk detail zijn: het afdoen (en weer omdoen) van sieraden die direct met je overleden partner verbonden zijn, maar het is een o zo belangrijke beleving. Het toont aan dat je, meer dan een paar jaar geleden, kunt voelen, bepalen en beslissen wat goed voor je is.

Een nieuwe vriend?

Onherroepelijk komt ergens in de tijd de vraag aan de orde: wil je de rest van je leven alleen blijven? Heb je genoeg aan je werk, je vrienden, kinderen en kleinkinderen? Of wil je weer een gevoel van vlinders in je buik hebben, een gevoel van samenzijn ervaren, van die bijzondere emotie die je leven lichter maakt?

Bij het afschudden van je weduwschap hoort deze blik op de toekomst. En die kan inhouden dat je weer een partner in je leven wilt hebben. In huis, of op wat meer afstand.

Als je denkt dat je daaraan toe bent, onderneem dan actie. Vraag vrienden voor je uit te kijken. Ga het internet op, schrijf je in bij een degelijke datingsite, laat je bemiddelen via daarvoor bestaande bureaus of zoek omgevingen op waar je singles tegen kan komen. Verenigingen of anderszins. Het hebben van belangstelling voor een andere man betekent niet dat je je overleden man vergeet, minder van hem houdt of wat dies meer zij. Integendeel, het geeft aan dat je het warme gevoel dat je zo goed kent van hem, weer opnieuw wilt beleven.

Afhankelijk van de vraag of je kinderen hebt en hoe de relatie met hen is, kun je je afvragen of je dat met hen wilt bespreken. Wanneer je dat doet, kun je duidelijk maken dat er geen sprake is van het 'aan de kant zetten' van hun vader, wanneer jij weer voorzichtige stappen op een liefdespad zet. Maar veeleer dat jij weer zin hebt om verder te gaan met je leven. En dat kan voor de kinderen een troost zijn.

Latten of in huis halen?

Maar laten we wel even praktisch blijven: bedenk van tevoren goed wat je wilt.

Zoek je iemand om samen mee uit gaan, te reizen, maar wil je verder wat afstand bewaren of wil je je eigen leven laten versmelten met het zijne en bij hem intrekken of jouw huis voor hem openstellen? Wil je samenwonen, of is latten een optie?

Laat je niet meesleuren in een verliefdheid. Zorg ervoor dat je met twee benen onder je wellicht komende roze wolk op de grond blijft staan, dat je het leven leidt dat je voor jezelf in gedachten had.

Kortom: ook hier bezinnen voor het beginnen.

De weduwejas van je afwerpen

Een mijlpaal wanneer je balans en rust hebt gevonden.
Verder gaan zonder je man is niet je man vergeten.
Trouwringen afdoen (en weer aan).
Een nieuwe relatie starten?
Bezint eer ge begint: Lat of in huis?

---

13. Tot slot

Aan een heel leven met je partner is een einde gekomen. Een tijdperk is afgesloten.

Je bent van status veranderd. Je bent van partner van, via weduwe in spe naar weduwe gegaan. Een enerverende tijd, je hebt je partner begeleid naar zijn dood. Je bent opgekrabbeld in de periode erna. Je hebt keuzes gemaakt, jezelf en je nieuwe evenwicht gevonden. Je staat weer op je eigen benen. Je bent een toekomst voor jezelf aan het opbouwen. Je hebt de tropenjaren achter je gelaten.

Vergeten zul je je lief nooit. Je zult de herinnering levend houden, op de vreemdste momenten aan hem denken, tekenen zien dat hij je volgt, dat hij je helpt om de lijn naar komende tijden te ontdekken.

Jullie leven samen heb je van hem gehouden, je blijft je leven lang van hem houden.

Maar je bent intussen alleen verder gegaan. Je moest wel. Je hervindt je leven. En met dat leven ga je door. Alleen en met je mensen om je heen.

Ook al gooi je het weduwschap wat van je af, ik hoop dat je troost in de liefde van en voor je man voelt. Dat die je voedt, op jouw pad, jouw verdere leven.

Ik kan slechts wensen dat je sterk genoeg bent om door te gaan op de weg die je bent ingeslagen. Blijf nadenken over wat je doet. Neem zo nu en dan de tijd om naar jezelf te kijken, neem wat afstand en check of je nog op koers ligt. Je beseft immers als geen ander hoe kostbaar je leven is en hoe snel het ineens anders kan gaan dan je voorzien had.

Heb je vragen of wil je me anderszins bereiken, mail me dan.

Het ga je goed, in liefde.

Mr. Margriet Th. Bordes
www.margrietbordes.nl

14. Nawoord

Na ruim vier jaar weduwschap ben ik met mijn honden in mijn eentje een half jaar op reis gegaan. Huis verhuurd en gaan. Ik ben na wat omzwervingen uiteindelijk in Zuid-Spanje terechtgekomen. Daar heb ik geschreven, gewandeld, gerust, van het Spaanse buitenleven genoten en nieuwe vrienden gemaakt.

Dankzij mijn thuisfront dat me dit avontuur gunde, de zon, de lichte luchten, de lieve mensen die ik in Spanje ontmoette, heb ik grandioze en leerzame tijden beleefd. Heb ik kunnen ervaren hoe het is om in vrijheid de dingen te doen die ik graag deed. Heb ik af en toe bizarre situaties het hoofd moeten bieden en gemerkt dat ik dat kon. Leerde ik dat voor alles een oplossing is; dat ik het alleen redde.

En in dit verband misschien nog wel het belangrijkste: ik heb geleerd mijn leven weer lief te hebben, het te omarmen en in acceptatie te nemen wat er op mijn pad kwam.

Ik voel mijn verloren gegane echtgenoot vaak om me heen. Ik koester onze herinneringen en ben dankbaar voor alles wat uiteindelijk ook dankzij hem bij me is gekomen. Zijn levenslust stuurde me verder mijn toekomst in, met af en toe treurige ogenblikken, maar vooral met veel vertrouwen om een draad op te pakken die in deze tijd bij me past.

Ik wil mijn zoon bedanken voor zijn instemming toen ik mijn reisplan aan hem ontvouwde en voor zijn niet aflatende steun en interesse tijdens mijn verblijf in het buitenland.

Mijn stiefzoon en zijn gezin, ze hebben tijdens mijn afwezigheid zo goed voor mijn huis gezorgd.

Mijn stiefschoondochter die me tal van lieve brieven op reis heeft meegegeven van mensen die ze opzadelde met het verzoek iets aan mij te schrijven.

Mijn lieve grote broers en zus die me aanmoedigden om te gaan. Mijn dierbare vrienden die me lieten vertrekken en me op afstand volgden zodat ik op wat eenzamer momenten hun steun ervoer.

Mijn oplossingsgerichte vrienden die me huizen ter beschikking stelden.

Mijn nieuwe vrienden in Spanje die me in mijn nieuwe omgeving thuis hebben doen voelen.

Mijn meelezers die ongezouten commentaar hebben gegeven.

En natuurlijk mijn twee lieve viervoeters die zo trouw alle grillen en grollen van hun baasje volgden, meereisden, nooit piepten en me op mijn vele wandelingen de weg wezen.

Wat heb ik veel om dankbaar voor te zijn. Ik heb jullie lief.

MB

De auteur

Mr. Margriet Th. Bordes (1957) studeerde
rechten aan de Rijksuniversiteit Leiden. Ze
werkte voor verschillende medische organisaties,
was medeoprichter van een organisatie voor
projectmanagement en begeleidde jarenlang jonge
mensen bij het maken van keuzes.
Ze publiceerde eerder een dichtbundel voor
kinderen en Snoezebol-luistersprookjes. Daarnaast
schreef ze een boek met hondenverhalen
en een poëziebundel voor volwassenen, een
boek over zelfbeschikkingsrecht en een over
gezondheidsrecht.
Enkele jaren na het overlijden van haar echtgenoot
schreef ze 'Praktisch weduwe worden', waarin zij
rationele en emotionele handreikingen geeft om
na verdriet weer verder te gaan.

De uitgeverij

> Wie ophoudt
> beter te worden
> is opgehouden
> goed te zijn!

Op basis van dit motto zoekt uitgeverij novum steeds nieuwe manuscripten! Ondertussen zijn wij in Nederland, Duitsland, Oostenrijk en Zwitserland dé specialist voor nieuwe auteurs.

Elk manuscript dat wij ontvangen wordt gratis door onze redactie beoordeeld.

Meer informatie over onze uitgeverij en over onze boeken kunt u op online vinden onder:

www.novumpublishing.nl